어법 중심 한국어1

초급

정달영

박문사

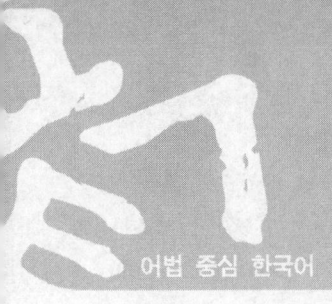

발간사

나는 연구실 일체를 정리하려고 그동안 쌓여 있던 여러 자료들을 정돈하다가 아람 서정수 선생님과 함께 일하던 자료 뭉치를 발견하였다. 나는 2007년 5월 초부터 선생님과 함께 속담사전과 어법 중심 한국어를 편찬하는 일을 진행했었다.

그런데 선생님께서 환우가 위중하게 되어, 나에게 자료를 넘겨주면서 몇 가지 의논 말씀을 하셨다. 그때 아람 선생님께서 "속담 사전 편집"과 "외국인을 위한 한국어 교재 편집"에 관한 일을 내가 좀 맡아서 아람 선생님의 큰아드님과 의논하여 추진해 주기를 당부하셨다. 그런데 얼마 후 선생님께서 영면하시게 되었고, 나도 일신상에 매우 어려운 일이 생겨서 추진하던 편집 작업을 중단하게 되었다.

나는 잃어버렸던 자료를 2013년 11월 초에 찾게 되어, 아람 선생님의 큰아드님과 전화 통화를 하고 만나기로 약속했다. 아람 선생님께서 내게 말씀하신 한국어 교재 편찬 자료들과 새 개정판 속담사전 편찬 작업에 관한 내용을 큰아드님인 서영환 교수에게 설명하고, 이 책들의 출판 여부를 의논하였다. 그 자리에서 나는 아람 선생님의 뜻을 받들어 이 책을 출판하기로 큰아드님과 합의하였다.

최근 외국어로서의 한국어 교육이 여러 교육 기관에서 활발하게 이루어지고 있다. 한국어 교육 현장에서는 의사소통 중심의 교수·학습 활동이 강조되고 있다. 한편 한국어 교육에서 문법 교육 또한 소홀히 해서는 안 되는 중요한 영역으로 인식되고 있다.

그러므로 '어법 중심 한국어' 1, 2, 3책을 편집 출판하게 된 것은 한국어 교육 발전을 위해 뜻 깊은 일이 아닐 수 없다. 나는 앞으로 이 책이 한국어 교육 현장에서 많이 활용되었으면 좋겠다. 그뿐만 아니라, 이 책이 제목에 걸맞게 어법 중심의 정확하고 효율적인 한국어 교수·학습에 적지 않은 도움이 되기를 희망한다.

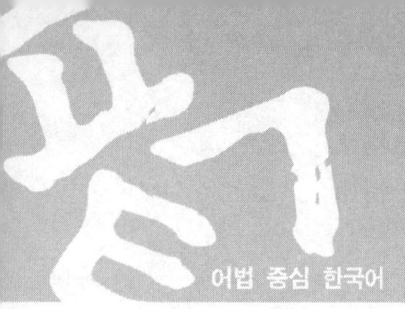

어법 중심 한국어

　이 책의 편집 과정에서 여러분들의 많은 도움을 받았다. 이 자리를 빌려 그분들께 진심으로 감사드린다. 특히, 출판계의 장기적 불황 속에서도 저자에게 호의를 베풀어 이 책의 출판을 맡아준 제이앤씨/박문사 윤석현 사장님과 권석동 이사님, 그리고 책을 정말 보기 좋게 편집해 준 이신님께 진심으로 감사드린다.

　특별히 이런 소중한 일을 부족한 나에게 당부하고 세상을 떠나가신 아람 서정수 선생님께 마음 깊이 감사드린다. 동시에 이 책을 발간하면서 만시지탄의 걱정을 조금이나마 덜 수 있는 계기가 되었으면 좋겠다.

2014. 1. 15.
왕방산 아래 연구실에서
정달영 적음

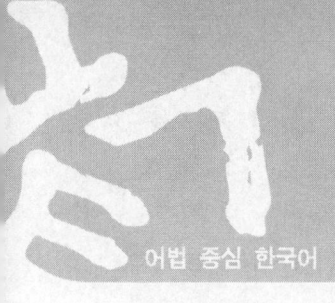
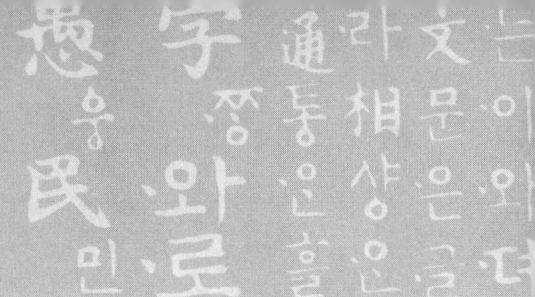

머리말

이 교재는 한국어를 체계적이고 효율적으로 학습할 수 있게 어법 중심으로 익혀 나가는 내용이 되도록 엮었다. 곧 한국어의 골격을 이루는 어법 유형의 학습에 중심점을 두고, 한국어를 과학적으로 학습하도록 엮었다는 것이다. 한국어의 어법 유형은 조사나 어미로 이루어지는 한국어 문장의 핵심적인 뼈대 요소이다. 이런 기본 어법의 숙달에 역점을 둔 것이 이 책의 가장 두드러진 특색이라 하겠다.

첫째로, 이 책에서는 문법 또는 어법 유형을 깨우치는 데 역점을 두었다. 어법 유형은 주로 조사나 어미로 이루어지는 문장의 뼈대요 골격이다. 정확한 한국어를 배우려면 기본이 되는 어법 사항을 잘 익히지 않으면 안 된다는 점을 이 책에서는 강조하였다.

둘째로, 한국어의 어법 유형은 단계적으로 익혀야만 효율성이 높은 학습이 된다는 점을 강조하였다. 일상 문장에서 자주 쓰이는 쉬운 어법부터 익히고, 점차 어려운 어법을 배워 나가는 것이 효율적인 한국어 학습법이라는 점을 학습자의 머릿속에 늘 새겨 두도록 강조하였다.

셋째로, 이 교재는 본문 내용을 주로 문답식으로 구성하여, 듣기와 말하기를 동시에 숙달하도록 역점을 두었다. 본문의 내용은 교실에서의 교수 학습, 자학자습, 녹음 활용 또는 한국인들과의 만남 등에서 듣는 내용이 학습자의 입을 통하여 말하기 능력 숙달에 도움이 되도록 세심한 배려를 하였다.

많이 듣고 말하는 연습 과정 없이, 의미 이해나 해석을 먼저 시도해서는 안 된다는 점에 주의를 기울였다. 듣고 말하기의 연습 과정을 건너뛴 내용 이해나 해석 위주의 방식은 지식 습득일 뿐이며, 귀와 입을 통한 말 배우기가 못된다. 이는 성인들이 말 배우기 과정에서 흔히 잘못된 데로 빠지기 쉬운 점이다. 그래서 듣기와 말하기 연습을 무시하는 태도를 경계하여야 한다는 점을 교수-학습자에게 깨우치도록 강조하였다.

2014년 1월 15일
정달영 적음

어법 중심 한국어

일러두기

1. 이 교재의 특징

이 교재는 3책으로 구성한다.

제1책 〈기초 한국어〉

발음법과 쓰기, 기본 어법 유형, 기본 단어로 구성한다. 모두 20과로 되어
있으며 각 과는 8-9 쪽(面)으로 이루어진다. 책의 분량은 4, 6 배판(B5 크기)
약 180여 쪽 분량이다.

제2책 〈중급 한국어〉

기초 한국어보다 한 단계 높은 어법 유형과 단어 등으로 이루어진다. 모두
20과로 편집하고 각 과는 8-9 쪽이며, 약 170여 쪽 분량이다.

제3책 〈고급 한국어〉

한국인 언어 능력에 버금가는 수준의 어법 유형과 단어, 어구로 구성하였
다. 이 과정을 마친 학습자는 한국어의 자유로운 회화 능력과 독해력을
수준 높게 갖추게 될 것이다. 모두 23과로 되어 있으며 각 과는 8-9쪽이고
약 200여 쪽 정도의 분량이다.

2. 각 과의 구성

각 과는 3, 4 개의 소 항목으로 나누어 다루었다. 각 소 항목은 과문, 연습, 발음 풀이
및 어법 유형 풀이로 구성된다. 과문은 약 4, 5개의 핵심 문장으로 이루어진다. 교사나

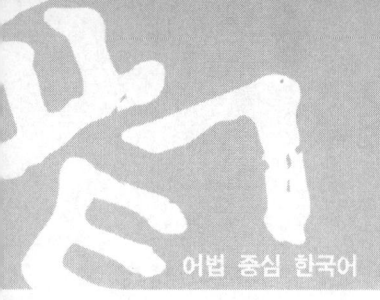
보조자는 학습자에게 각 과문을 반복적으로 따라 읽히고, 귀로 들어 말하는 기초 훈련을 쌓도록 지도한다.

숙달 연습: 각 과문 내용을 온전히 숙달할 수 있도록 대입하기 연습, 질문·대답하기 연습 등을 꾸준히 실시한다. 이 과정을 소홀히 하면 한국말이 뿌리를 내리지 못하여 한국어 능력이 크게 향상되지 못한다.

발음 변화 익히기: 한글의 낱글자를 배우고 읽는 것은 비교적 쉽다. 그러나 앞뒤의 글자를 이어서 발음할 때는 발음 변화(음운 변동)가 따르게 되므로, 그러한 발음법을 따로 익히지 않으면 한국어의 정확한 발음을 할 수가 없다.

어법 유형 풀이: 과문과 연습 과정에 나타난 중요한 어법 유형을 좀 더 구체적으로 풀이한다. 어법 유형의 구성 요소인 조사, 어미, 시제 표현, 경어법, 피·사동법 등을 일일이 풀이하여 그것들의 활용법을 숙달하도록 한다.

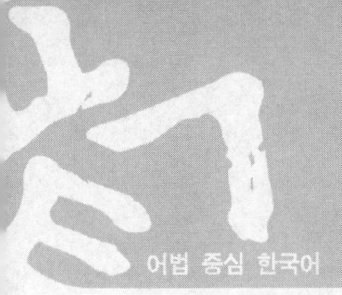

어법 중심 한국어

목차

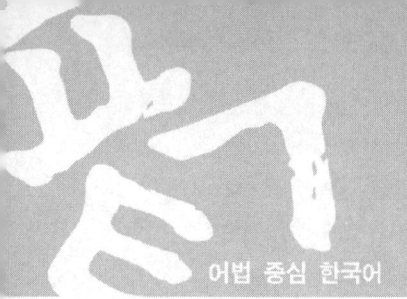

어법 중심 한국어

어법 중심 한국어

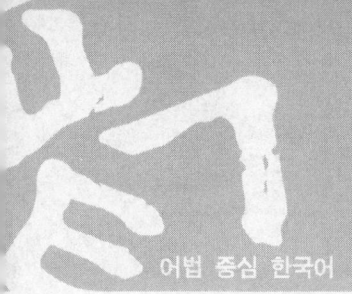
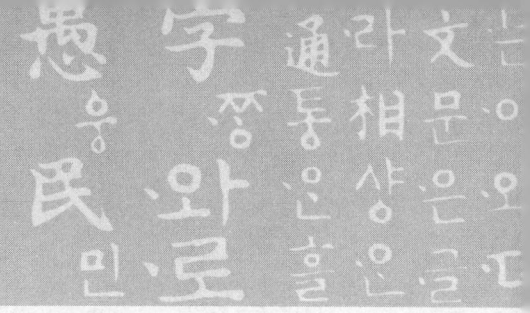

발음법 학습에 예시한 단어들은 발음 연습을 위한 것이므로 그 의미를 알지 못해도 개의치 말고 발음법만 익히도록 한다.

제1과
한국어의 모음

1.1 한국어의 단순 모음

모음은 일반으로 허파에서 나오는 공기가 성문을 지날 때 성대 또는 목청을 울려 내는 소리이다. 그 소리는 입안에서는 별다른 제약을 받지 않고 비교적 자유롭게 밖으로 표출된다. 이는 입안에서 장애를 받고 조음되어 발성되는 자음과는 다른 점이다.

모음은 입안에서 조음되어 발성하는 소리는 아니지만 약간의 조절을 받게 된다. 그러한 조절은 혀의 위치나 입술의 모양 등으로 표출되는 공기의 통로를 늘이고 줄이는 것을 말한다.

이러한 통로 조절을 통하여 모음은 몇 가지로 다른 소리로 발음된다. (한국어의 발음은 "한글"이라는 문자로 표기하는 수가 많다. 한글은 그만큼 한국어 발음을 정확히 나타낼 수 있기 때문이다.)

한국어의 기본 모음은 다음 **10개의 한글 문자**로 표기된다.

| ㅣ | ㅟ | ㅔ | ㅚ | ㅐ | ㅡ | ㅓ | ㅏ | ㅜ | ㅗ |

이런 한국어 모음은 영어, 중국어, 일본어 등의 모음과 무장애음(無障碍音)이라는 점에서 공통성을 보인다. 그러나 조절 방식에 따라 각 나라말마다 약간씩 달리 발음되어 서로 다른 모음 체계를 이룬다. 한국어의 단순 모음을 내는 자리는 다음 표에서 볼 수 있다.

한국어 모음을 발음하는 자리

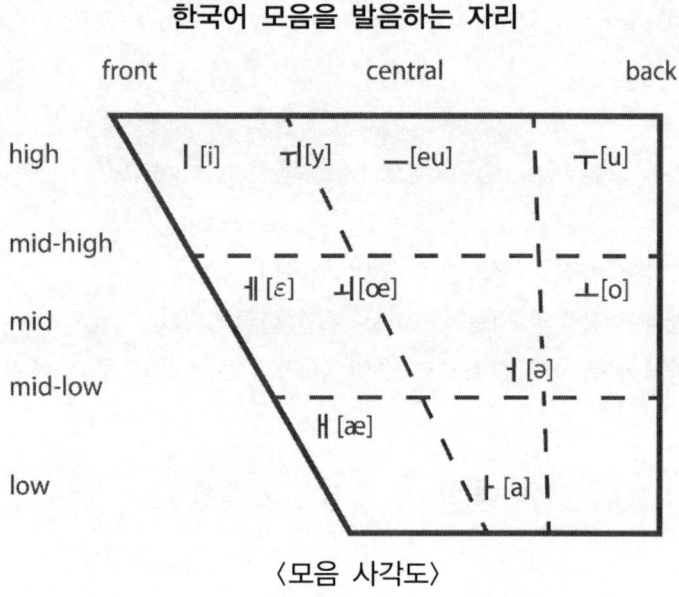

〈모음 사각도〉

위 그림에 나타난 모음을 발음하는 자리와 발음법을 표로 나타낸다.

혀의 앞뒤 혀의 상하 위치	전설 평순 원순	중설 평순	후설 원순
고모음(高母音)	ㅣ, ㅟ	ㅡ	ㅜ
반고모음(半高母音)	ㅔ, ㅚ	ㅓ	ㅗ
반저음(半低母音)	ㅐ		
저모음(低母音)		ㅏ	

원순 모음은 입술 모양을 둥글게 내는 소리(ㅟ, ㅚ, ㅗ, ㅜ)다. 그 밖의 모음은 모두 입술을 평평하게 내는 평순 모음이다.

1.2 단순 모음과 음절

한국어의 단순 모음은 단독으로 음절을 형성할 수 있다. 위에 살핀 "ㅣ", "ㅐ", "ㅏ" 등의 단순 모음은 자음 없이도 소리를 내고 음절을 이룬다. 한국어의 음절은 일반으로 다음과 같이 구성된다.

초성 + 중성 + 종성

초성: 한국어 음절의 첫소리로 쓰인 한글의 자음
중성: 한국어 음절의 가운뎃소리로 쓰인 한글의 모음
종성: 한국어 음절의 끝소리로 쓰인 한글의 자음(받침 혹은 받침소리)

음절	초성	중성	종성
한	ㅎ	ㅏ	ㄴ
국	ㄱ	ㅜ	ㄱ

위의 한국어의 한 음절은 대개 초성인 자음 (ㅎ, ㄱ)과 중성인 모음 (ㅏ, ㅜ) 그리고 종성인 자음(ㄴ, ㄱ)으로 이루어진다.

그러나 초성 자리에 자음이 안 쓰일 때는 다음과 같은 모습으로 하나의 음절을 이룬다.

　(1) 이, 아, 어, 오　(모음만으로 하나의 음절을 이루는 경우)
　(2) 온, 일, 움　　　(모음과 자음으로 하나의 음절을 이루는 경우)

(1)에서 모음 앞의 동그라미(ㅇ)는 자음 자리에 놓여 있지만, 자음이 아니고 음가 곧, 실제로 발음되는 소릿값이 없는 형식적으로 쓰인 문자일 뿐이다. (2)에서도 "온," "인" 등의 첫 자리에 나타난 동그라미(ㅇ)도 자음이 아니고 소리 없는 글자 모양일 뿐이다.

그런데 소릿값이 없는 동그라미(ㅇ) 글자를 초성 위치에 쓰는 이유는 초성 자리에 아

무엇도 없이 모음만 쓰면, 한국어의 완전한 음절의 구조를 갖추지 못하기 때문에 이를 보완하기 위한 것이다. 이러한 동그라미(ㅇ)는 음가가 없으므로 자음이 아니며, 그 자체로서 소리를 내지 못하는 형식적인 글자일 뿐이다. 이는 종성으로 쓰이는 자음 이응(ㅇ)과는 소릿값이 전혀 다르다.

가령, "앙"이라는 음절의 첫 자리에 나타난 동그라미(ㅇ)는 첫소리 모습을 형식적으로 대치한 것이고, 그 음절의 종성 자리에 쓰인 동그라미(ㅇ)는 "이응(ㅇ)"이라는 자음으로 된 종성이다. 다시 말하면, 첫째 자리에 있는 동그라미(ㅇ)는 음가가 없는 영형태(零形態)이며, 종성으로 쓰이는 이응(ㅇ)만이 실제로 발음되는 음가를 가진 자음이다.

다음 표는 위에 말한 단순 모음 10가지를 모음 형태와 음절 형태로 표시하고, 국제음성 기호 등 다른 나라 모음과 비교하여 본 것이다.

모음	요점	음절	용례	유사 발음기호
ㅣ	전설 고모음	이	이/此, 이/二, 이/齒	[i]
ㅟ	전설 고원순	위	위(上), 이위/二位	[wi/wy]
ㅔ	전설 중고	에	위에/(於, 上)	[e]
ㅚ	전설 중고 원순	외	이외(以外)	[ø]
ㅐ	전설 저모음	애	애(兒), 이애(此兒)	[ɛ]
ㅡ	중설 고모음	으	은(銀), 응(應), 이응(ㅇ)	[ɨ] / [ɯ]
ㅓ	중설 중모음	어	어이(呼聲), 이어(繼續)	[ə]
ㅏ	중설 저모음	아	아이(兒), 아우(第)	[a]
ㅜ	후설 고원순	우	우애(友愛), 아우(第)	[u]
ㅗ	후설 중원순	오	오(五), 오이(瓜)	[o]

1.3 한국어의 중모음

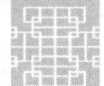

　중모음이란 단순 모음이 합성하여 이루어진 모음 소리이다. 위의 10개 단순 모음이 한 개나 두 개가 결합하여 형성된 것이 중모음이다. 중모음은 모음이 두 개 이상 겹쳐서 나기 때문에, 단순 모음처럼 단일한 소리가 아니라, 앞뒤 소리가 복합되어 발음된다. 한국어 모음 체계에는 11개의 중모음이 있으며, 단순 모음과 함께 다양한 한국어 소리를 발성한다.

중모음의 3종류

(1) "ㅣ" 중모음

　모음 "ㅣ"로 시작되어 뒤따르는 모음과 합성하는 경우이다.

> ㅑ (ㅣ+ㅏ), ㅕ (ㅣ+ㅓ), ㅛ (ㅣ+ㅗ)
>
> ㅠ (ㅣ+ㅜ), ㅒ (ㅣ+ㅐ), ㅖ (ㅣ+ㅔ)

(2) "ㅗ" 중모음

　모음 "ㅗ"로 시작되어 뒤따르는 다른 모음과 합성되는 경우이다.

> ㅘ (ㅗ+ㅏ), ㅝ (ㅜ+ㅓ), ㅙ (ㅗ+ㅐ), ㅞ (ㅜ+ㅔ)

(3) "ㅡ" 중모음

　모음 "ㅡ"로 시작되는 중모음이다.

> ㅢ (ㅡ+ㅣ)

이 중모음은 하나뿐이며 그 결합이 불안정하여 몇 가지로 발음되는 특이한 글자이다. 이런 이중 모음 형태는 주로 한국어의 표기에 쓰인다.

중모음의 형성과 용례

(1) "ㅣ" 중모음

중모음	요점	음절	용례
ㅑ	ㅣ+ㅏ	야	야외(野外), 외야(外野)
ㅕ	ㅣ+ㅓ	여	여야(與野), 여우(狐), 여우(女優), 여유(餘裕)
ㅛ	ㅣ+ㅗ	요	요, 아요, 어요, 예요
ㅠ	ㅣ+ㅜ	유	야유(揶揄), 유아(幼兒), 이유(理由)
ㅒ	ㅣ+ㅐ	얘	얘야, 이얘
ㅖ	ㅣ+ㅔ	예	예(例), 예우(禮遇)
첫소리 "ㅣ"는 반모음[j/y]로 소리 난다.				

(2) "ㅗ/ㅜ" 중모음

모음	요점	음절	용례
ㅘ	ㅗ+ㅏ	와	와
ㅝ	ㅜ+ㅓ	워	야워
ㅙ	ㅗ+ㅐ	왜	왜(理由)
ㅞ	ㅜ+ㅔ	웨	
첫소리 "ㅗ"는 반모음[w]로 소리 난다.				

(3) "ㅡ" 계통 중모음

모음	요점	음절	용례
ㅢ	ㅡ+ㅣ	의	의의(意義), 의외(意外), 유의(留意), 내의(內衣)

제2과
한국어 자음의 발음법

2.1 │ 자음의 발음 위치

자음은 주로 입안의 일정한 위치에서 발음되는 소리다. 자음은 두 입술이나 입안의 잇몸(齒槽), 경구개, 연구개 등 일정한 자리에서 공기의 흐름을 막거나 마찰시켜서 내는 소리다. 이런 점에서 자음은 입안에서 그러한 공기 흐름을 막지 않고 내는 모음과 다르다.

자음은 입안의 어떤 자리에서 공기 흐름을 막거나, 마찰하는 방식과 정도에 따라 여러 가지로 발음된다. 그 중에서도 중요한 한국어의 자음은 아래에서 보듯이 19가지이다.

〈한국어 자음의 표기 글자 수 19개〉

(1) ㅂ, ㅍ, ㅃ, ㄷ, ㅌ, ㄸ, ㅈ, ㅊ, ㅉ, ㄱ, ㅋ, ㄲ
　　　　　　　　　　　　파열음 12개
(2) ㅅ, ㅆ, ㅎ　　　　　　마찰음 3개
(3) ㅁ, ㄴ, ㅇ　　　　　　비강은 3개
(4) ㄹ　　　　　　　　　　유음 1개

위에 보인 19개의 자음은 입속의 어떤 자리에서 발음되는 것일까?

자음의 발음 위치와 발음 방법

　아래 표에서는 한국어 자음을 발음하는 위치와 방법을 나타낸다. 아래 표의 윗줄에는 각기 발음 위치가 표시되어 있고, 표의 좌측 칸에는 발음 방법이 나타나 있다. 따라서 이 표를 통하여 자음의 발음 위치와 발음 방법을 한눈에 알아 볼 수 있게 된다.

발음방법		발음 위치 양순 (兩脣)	치조 (齒槽)	경구개 (硬口蓋)	연구개 (軟口蓋)	성문 (聲門)
파열(破裂)	연음(軟音)	ㅂ	ㄷ		ㄱ	
	유기음(有氣音)	ㅍ	ㅌ		ㅋ	
	경음(硬音)	ㅃ	ㄸ		ㄲ	
파찰(破擦)	연음(軟音)			ㅈ		
	유기음(有氣音)			ㅊ		
	경음(硬音)			ㅉ		
마찰(摩擦)	연음(軟音)		ㅅ			
	유기음(有氣音)					ㅎ
	경음(硬音)		ㅆ			
비음(鼻音)		ㅁ	ㄴ		ㅇ	
유음(流音)			(ㄹ)	ㄹ		

2.2 자음의 발음 위치 풀이

위의 표에 나타난 자음의 발음 위치를 살펴보면 다음 몇 가지로 나뉜다.

두 입술 (兩脣)	두 입술은 자음을 발음하는 데 매우 중요한 자리다. 한글의 "ㅂ, ㅍ, ㅃ, ㅁ" 등은 두 입술 사이에서 소리 난다.
잇몸 (齒槽)	잇몸은 윗니의 밑동에 좀 두드러진 부분을 가리킨다. 혀를 윗니의 밑동에 대어 보면 도톰한 부분을 느낄 수 있는데, 그것이 잇몸 또는 치조이다. 이 자리에서 내는 자음들은 "ㄷ, ㅌ, ㄸ, ㅅ, ㅆ, ㄴ" 등이다. 또 "ㄹ" 소리도 이 근처에서 발음되는 것이 보통이다.
경구개 (硬口蓋)	잇몸에서 구강(口腔)의 안쪽으로 혀를 움직여 보면 다소 딱딱한 입천장을 느낄 수가 있다. 그 부분이 경구개이며, 그 자리에서는 "ㅈ, ㅊ, ㅉ" 소리가 발음된다.
연구개 (軟口蓋)	경구개에서 더 입 안쪽으로 혀를 움직여 보면, 부드러운 느낌을 주는 입천장이 나타난다. 그 부분이 연구개이며, 그 자리에서는 "ㄱ, ㅋ, ㄲ, ㅇ" 등이 발음된다.
성문 (聲門)	성문 또는 목청은 허파의 공기가 입안으로 들어올 수 있는 목구멍 근처의 통로를 말한다. 공기가 이 자리를 지나서 입안이나 비강으로 흘러 들어온다. 이 자리에서는 "ㅎ" 소리가 발음된다.
비강 (鼻腔)	입 위쪽의 콧속 공간이 비강이다. 목청 근처의 목젖이 열리면 공기가 비강으로 들어가서 소리를 낸다. 이것이 콧소리 곧 비강음이다. 한국어의 콧소리는 "ㅁ, ㄴ, ㅇ" 등이다. 이런 비강음 곧 콧소리를 발음할 때는 목구멍 근처의 목젖이 자동으로 열리어 공기가 비강으로 흘러 들어가 소리를 낸다. 이런 비강음이 아닐 때는 목젖이 자동으로 닫혀서 공기가 모두 입안으로만 흘러 들어가서, 갖가지 입안 소리 곧 구강음을 낸다.

메모하세요

제3과
한국어 초성 자음의 발음법

　우리가 입안에서 자음을 발음하는 방법은 허파에서 내보내는 공기를 기도와 성문을 통하여 입안에 흘러 보내어 일정한 자리에서 소리 나게 하는 것이다. 이런 자음은 두 가지로 쓰인다.

　하나는 초성 자음이고 다른 하나는 종성 또는 받침으로 쓰이는 자음이다. 예를 들어, "한"이라는 말의 초성은 "ㅎ"이고 종성은 "ㄴ"이다. 또 "눈"이라는 음절의 초성은 "ㄴ"이고 종성의 자음도 역시 "ㄴ"이다. 이 두 가지 자음은 형태상으로는 동일한 것이지만 종성으로 쓰이는 자음은 초성 자음과 약간 다르다.

　여기에서는 먼저 초성 자음을 다룬다. 이 초성 자음을 충분히 익힌 다음에 그것이 종성으로 쓰일 때의 발음법을 구체적으로 살핀다. 이제 입안의 각 발음 위치에서 발음되는 초성 자음을 차례로 살핀다.

3.1 양순 파열음 "ㅂ", "ㅍ", "ㅃ"

　우리가 여기서 살피는 양순 파열음(兩脣 破裂音)은 두 입술을 다물고 공기를 막았다가 압축하여 터뜨릴 때 나는 소리다. 이것은 양순 정지음(兩脣 停止音) 또는 양순 폐쇄음(兩脣 閉鎖音)이라고도 한다.

　양순 파열음은 다음의 3단계를 거쳐 발음하게 된다.

(1) **정지 또는 막음**: 공기 흐름을 두 입술 사이에서 막아 정지시킨다.

(2) **압축**: 정지시킨 공기를 압축시킨다. 그것은 터뜨림의 효과를 강하게 하기 위한 예비 동작이다.

(3) **파열 또는 터뜨림**: 양순을 열면서 압축된 공기를 순간적으로 터뜨려 소리를 입 밖으로 내보낸다.

위의 3단계는 양순 파열음 뿐 아니라, 다른 자음의 파열음에도 공통적으로 적용되므로 잘 알아 둘 필요가 있다.

양순 파열음	발음 방법
ㅂ (비읍)	"ㅂ"은 양순 파열음의 한 가지로서 위에 말한 양순 파열음의 3단계 발음법에 따라 소리를 낸다. 먼저 두 입술을 다물고 공기의 흐름을 막아서 압축시킨다. 그 다음에는 압축된 공기를 순간적으로 터뜨려서 소리를 밖으로 내보낸다. 이 "ㅂ" 소리는 양순 파열음 중에서 비교적 부드럽게 발음되므로 연음이라 부르기도 한다. 이것도 발음할 때에 어느 정도 바람을 내지만, 그 정도가 약하므로 연음(예사소리)이라 하는 것이다.
	예 (1) 비, 보, 배, 벼, 바보, 부부 (명사의 예) 　　(2) 비다, 보다, 배다, 바쁘다 (동사, 형용사의 예)
ㅍ (피읖)	"ㅍ"은 "ㅂ"과 마찬가지로 3단계를 거쳐서 발음되는 자음이다. 그러나 이 "ㅍ" 소리는 터뜨릴 때에 "ㅂ"보다 더 강한 바람을 표출하므로 유기음(거센소리)이라 부르기도 한다. "ㅍ"은 발음할 때 입술에 종이를 대보면 강하게 흔들릴 정도로 유기음을 수반한다.
	예 (1) 피, 표, 파, 피부, 부피 (명사의 예) 　　(2) 파다, 피다, 펴다, 아프다, 푸다 (동사, 형용사의 예)
ㅃ (쌍비읍)	"ㅃ" 소리는 3단계를 거쳐서 발음되므로 "ㅂ", "ㅍ"과 공통점이 있다. 다만, 발음할 때에 유기음을 수반하지 않고 딱딱한 느낌을 주는 소리를 낸다. 그래서 이 자음은 경음(된소리)이라 부른다. 한편, 이 된소리는 다른 나라말에서도 발음은 되지만, 한국어처럼 독립된 소리 단위로 인식되지는 않는다.
	예 (1) 삐삐, 아빠, 오빠, 뼈, 뽀뽀 (명사의 예) 　　(2) 삐다, 바쁘다, 예쁘다, 빼다 (동사, 형용사의 예)

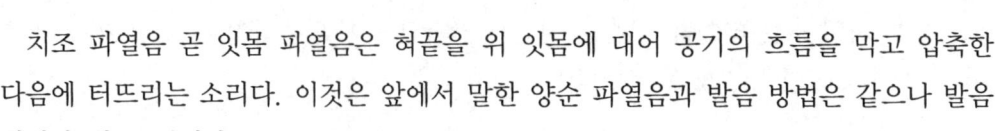

3.2 치조 파열음 "ㄷ", "ㅌ", "ㄸ"

치조 파열음 곧 잇몸 파열음은 혀끝을 위 잇몸에 대어 공기의 흐름을 막고 압축한 다음에 터뜨리는 소리다. 이것은 앞에서 말한 양순 파열음과 발음 방법은 같으나 발음 위치가 다를 뿐이다.

치조 파열음	발음 방법
ㄷ (디귿)	"ㄷ"은 막음, 압축, 터뜨림 등의 3단계를 거쳐 소리 내는 파열음이며, 발음하는 자리는 위 잇몸(치조)이다. 그런데 이 소리는 비교적 부드러운 파열음이므로 연음(예사소리)에 속한다.
	예 (1) 다, 도, 더, 대나무, 대야, 두루 (2) 다루다, 다리다, 두다, 되다, 더디다
ㅌ (티읕)	"ㅌ"은 막음, 압축, 터뜨림 등의 3단계를 거쳐 소리 내는 파열음이며, 발음하는 자리는 위 잇몸(치조)이다. 그런데 이 소리는 발음할 때 강한 기음을 표출하므로 유기음(거센소리)이다.
	예 (1) 터, 나루터, 토, 통, 티, 테, 태 (2) 타다, 태우다, 다투다, 타이르다
ㄸ (쌍디귿)	"ㄸ"도 공기의 막음, 압축, 터뜨림 등의 3단계를 거쳐 소리 내는 파열음이며, 발음하는 자리는 위 잇몸(치조)이다. 그런데 이 소리는 발음할 때 발음기관 근육의 긴장을 수반하므로 경음(된소리)에 속한다.
	예 (1) 띠, 때, 또, 또래, 따개, 따님 (2) 따다, 따뜻하다, 뜨겁다, 따르다, 때다, 때우다, 뜨다, 띠다

연구개 파열음 "ㄱ", "ㅋ", "ㄲ"

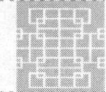

　연구개 파열음은 혀뿌리(혀의 뒷부분)를 연구개(여린 입천장)에 대어 공기의 흐름을 막고 압축한 다음에 터뜨리는 소리다. 이것은 앞에서 말한 양순 파열음이나 치조 파열음과 발음하는 방식이 같으나 발음하는 위치가 다를 뿐이다.

연구개 파열음	발음 방법
ㄱ (기역)	"ㄱ"은 폐에서 성문을 통해 입으로 나오는 공기를 막았다가, 압축하여, 터뜨리는 소리다. 3단계를 거쳐 소리 내는 파열음이며, 발음하는 자리는 연구개이다. 이 소리는 비교적 부드러운 파열음이므로 연음에 속한다.
	예　(1) 기, 개, 게, 가게, 가루, 고개, 고기, 거꾸로 　　(2) 기다, 고르다, 기르다, 가두다, 가리다, 그리다
ㅋ (키읔)	"ㅋ"도 막음, 압축 및 터뜨림의 3단계를 거쳐 소리 내는 파열음이며, 발음하는 자리는 연구개이다. 이 소리는 발음할 때 강한 바람을 내므로 유기음에 속한다.
	예　(1) 키, 키읔, 켜, 켜떡, 코, 코감기, 코끼리, 수캐 　　(2) 캐다, 켜다, 크다, 키우다, 커다랗다
ㄲ (쌍기역)	"ㄲ"도 공기의 막음, 압축 및 터뜨림 등 3단계를 거쳐 소리 내는 파열음이며, 발음하는 자리는 연구개이다. 이 소리는 발음할 때 발성기관 근육의 긴장을 수반하므로 경음이다.
	예　(1) 깨, 깨죽, 끼니, 꼬마, 끄나풀 　　(2) 까다, 깨다, 깨우다, 꼬다, 꾸다, 꾸리다, 꿰다, 끄다,

경구개 파찰음 "ㅈ", "ㅊ", "ㅉ"

경구개 파찰음은 경구개(딱딱한 입천장)에 혀를 대어 소리 내는 일종의 파열음이다. 파찰음은 공기를 막았다가 터뜨리는 점에서는 파열음과 비슷하지만, 터뜨림 과정에서 입천장과 혓바닥 사이를 좁힘으로써, 약간의 공기 마찰을 수반하는 점이 파열음과 색다르다.

경구개 파찰음	발음 방법
ㅈ (지읒)	"ㅈ"은 경구개에 혀를 대어 막음, 압축 및 터뜨림 등의 3단계를 거쳐 발음된다. 다만 이 "ㅈ"은 발음 위치가 경구개이며, 터뜨리는 과정에서 마찰을 수반하는 소리다. 이 소리는 발음할 때 비교적 부드럽게 소리 나기 때문에 연음에 속한다.
	예 (1) 자, 자주, 조, 조기, 주, 주식, 재미, 재주, 제비, 소주, 주소 (2) 자다, 재다, 주다, 주무르다, 지다, 조르다
ㅊ (치읓)	"ㅊ"은 막음, 압축 및 터뜨림 등의 3단계를 거치면서 마찰을 수반하므로 파찰음이다. 발음하는 자리는 경구개이며 발음할 때에 강한 바람을 내므로 유기음에 속한다.
	예 (1) 차, 처, 체, 초, 추, 차마, 처마, 치마 (2) 차다, 추다, 치다, 처지다, 처하다, 처리하다
ㅉ (쌍지읒)	"ㅉ"도 공기의 막음, 압축 및 터뜨림 등의 3단계를 거쳐 소리 내는 파찰음이며, 발음하는 자리는 경구개이다. 이 소리는 발음할 때에 발성기관 근육의 긴장을 수반하므로 경구개 파찰 경음이다.
	예 (1) 짝, 짬, 짱, 쨍쨍, 찜, 찜질방, 찌꺼기 (2) 짜다, 째다, 쪼다, 쬐다, 찌다, 쭈그리다, 찌르다

3.5 마찰음 "ㅅ", "ㅆ", "ㅎ"

　마찰음은 허파에서 입으로 흘러나오는 공기가 입안의 일정한 자리에 생긴 좁은 틈을 통과하면서 나는 소리다. 그런 공기 통로를 막고 발음을 하면 위에 말한 파열음이 되지만, 그 틈을 온전히 막지 않고 좁게 벌려 두고 그 사이로 공기가 빨리 새나가도록 하면 그 공기가 통로의 벽에 부딪치면서 마찰음이 나게 된다.

　한국어에는 치조 마찰음과 성문 마찰음이 있다. 치조 마찰음은 위 잇몸에 혀끝을 가까이 대어 좁은 통로를 만들고, 그 사이로 공기를 빨리 내보낼 때, 그 공기가 좁은 통로를 빠져 나오면서 마찰하는 소리이다. 한국어의 치조 마찰음은 "ㅅ"과 "ㅆ"이다. 성문 마찰음은 성문을 조금 좁혀서 공기를 내보낼 때 나는 마찰음이다. 한국어의 성문 마찰음은 "ㅎ"이다.

치조마찰음	발음 방법
ㅅ (시옷)	치조에 혀끝을 가까이 대어 좁은 통로를 만들고 바람을 불어낼 때에, 그 공기가 좁은 통로를 지나면서 내는 마찰 소리다. 이 마찰음은 연음이라 할 수 있다.
	예　(1) 사, 새, 수, 소, 시, 세수, 소리, 수리, 사내, 소녀 　　(2) 사다, 새다, 서다, 세다, 시다. 사리다, 서리다,
ㅆ (쌍시옷)	치조에 혀끝을 가까이 대어 좁은 통로를 만들고, 바람을 불어낼 때 그 공기가 좁은 통로를 지나면서 내는 마찰 소리다. 이 마찰음은 된소리 또는 경음의 일종이다.
	예　(1) 싸움, 씨, 김씨 　　(2) 싸다, 싸우다, 쏘다, 쐬다, 쑤다, 쑤시다, 쓰다
성문 마찰음	발음 방법
ㅎ (히읗)	성문 마찰음은 성문을 조금 좁혀서 공기를 내보낼 때, 그 공기가 좌우 성대 사이의 좁은 틈을 지나면서 내는 마찰음이다. 한국어의 성문 마찰음은 "ㅎ" 하나뿐이다.
	예　(1) 하나, 하루, 해, 허허, 호화, 후회, 회의, 허수아비 　　(2) 하다, 해치다, 허하다, 화사하다, 화해하다, 후비다

3.6 비강음 "ㅁ", "ㄴ", "ㅇ"

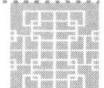

비강음(콧소리)은 허파에서 입안으로 흘러 들어온 공기가 양순(두 입술)이나 치조(위 잇몸) 등에서 막혀, 입안의 고기가 비강(콧속)으로 흘러 나가면서 발음되는 소리다. 이렇게 공기가 비강으로 들어갈 때는 목젖이 자동적으로 열린다. 그러나 비강음이 아닌 입안에서 발음되는 구강음을 소리 낼 때는 목젖이 자동적으로 닫혀서, 공기가 비강으로 들어가지 못하도록 한다. 이런 점에서 비강음은 구강음과 다르다. 비강음은 양순 비강음 "ㅁ", 치조 비강음 "ㄴ" 및 연구개 비강음 "ㅇ" 등의 3가지가 있다.

양순 비강음	발음 방법
ㅁ (미음)	양순 비강음(兩脣 鼻腔音)은 허파를 통해서 입안으로 흘러 들어온 공기를 두 입술 사이에서 막아 비강으로 흘러 들어가게 하여 발음하는 소리다.
	공기가 비강으로 들어갈 때는 목젖이 자동적으로 열린다.
	예 (1) 마마, 매미, 모, 모자, 모피, 묘, 무, 무리, 미나리, 미모, 무도회 (2) 마치다, 메우다, 모으다, 모이다, 무르다, 미다

치조 비강음	발음 방법
ㄴ (니은)	치조 비강음(齒槽 鼻腔音) "ㄴ"은 치조(잇몸)에 혀를 대어 공기의 통로를 막고, 그 공기를 비강(콧속)으로 보내어 내는 소리다. 한국어의 치조 비강음은 "ㄴ" 하나뿐이다.
	예 (1) 나, 너, 네, 내, 노래, 노리개, 누나, 누님, 누이, 누에, 비누 (2) 나다, 나누다, 나르다, 노리다, 누다, 누르다, 누리다, 누비다

연구개 비강음	발음 방법
ㅇ (이응)	연구개 비강음(軟口蓋 鼻腔音)은 연구개에 혀뿌리를 대어 공기 흐름을 막고, 그 공기를 비강으로 보내어 내는 소리다. 한국어의 연구개 비강음은 "ㅇ"이다. 이 소리는 초성으로는 발음되지 않고 종성으로만 발음된다.
	예 강, 농장, 망, 방, 방망이, 빵, 멍멍, 엉덩이, 웅덩이

앞 예에서 보듯이 이응 "ㅇ"은 음절의 종성으로만 쓰인다. 따라서 아래 예에서 첫 자리에 쓰인 "ㅇ"은 "이응(ㅇ)"이 아니고, 음가가 없는 동그라미에 불과하다. 따라서 "잉어", "영어", "엉엉", "영웅" 등의 첫소리 "ㅇ"은 실제로 발음되지 않고, 글자 모습만 중성인 모음에 붙여 쓴다.

3.7 한국어의 유음 "ㄹ"

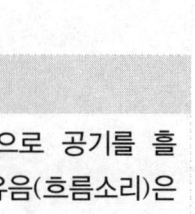

유음	발음 방법
ㄹ (리을)	치조(위 잇몸)에 혀끝을 살짝 대었다가 떼는 방식으로 공기를 흘려 보내면 흐름소리 "ㄹ"이 소리 난다. 한국어의 유음(흐름소리)은 "ㄹ" 한 가지이다.
	예 (1) 마루, 미리, 우리, 우뢰, 여류, 나라, 개나리, 진달래 (2) 미루다, 내리다, 어우르다, 벼르다, 노리다, 누리다

한국어 종성 자음 및 연음의 발음법

4.1 초성 자음과 종성 자음의 차이

한국어의 종성(끝소리 받침) 자음은 초성(첫소리) 자음과 동일한 형태이므로 얼핏 보기에는 동일한 자음이라 생각할 수 있으며, 대부분의 사람들은 그렇게 생각한다. 그러나 종성 발음은 초성 발음과 얼마쯤 다르다. 예를 들어, 양순 파열음 "ㅂ"의 경우를 보자. 양순 파열음은 두 입술을 다물고 공기를 막았다가 압축하여 터뜨리는 소리이다.

(1) **정지 또는 막음**: 공기 흐름을 두 입술 사이에서 막아 정지시킨다.
(2) **압축**: 막아서 정지시킨 공기를 압축시킨다. 그것은 터뜨림의 효과를 내기 위한 예비 동작이다.
(3) **파열 또는 터뜨림**: 압축된 공기를 양순(두 입술)에서 순간적으로 터뜨려 소리를 입 밖으로 내보낸다.

"ㅂ"은 이런 양순 파열음의 한 가지로서 초성 발음은 양순 파열음의 3단계 발음법에 따라 소리를 낸다. 그것이 종성으로 쓰일 때는 그 3단계 발음 과정 중에서, 마지막 단계 곧 압축된 공기를 순간적으로 터뜨려서, 소리를 밖으로 내보내는 단계가 생략된다. 가령, "밥"이라는 음절의 발음법을 살펴보자.

초성의 "ㅂ"은 위 3단계가 구비된 발음법을 유지하는 소리이다. 이것은 편의상 **외파음** (**外破音**)이라 부르기로 한다. 그러나 종성 "ㅂ"은 마지막 단계인 터뜨리는 과정을 거치지 않으므로 소리가 밖으로 나타나지 않고 입속에서 압축된 상태로 머물러 있다. 이것을 편의상 **내파음**(**內破音**)이라 하여 외파음과 구분하기로 한다.

4.2 종성 자음의 발음법

1) 파열음 "ㅂ, ㅍ, ㅃ" 등의 종성 발음법

이 양순음의 종성(끝소리 받침)은 내파음이므로 터뜨리는 소리가 밖으로 드러나지 않는다. 이들 자음의 종성 발음법을 하나씩 살피기로 한다.

ㅂ 종성 발음법 (내파음)
(1) 밥, 납, 법, 입, 집, 굽, 삽, 톱, 비빔밥 (명사의 예) 　　이들 명사에 쓰인 종성 "ㅂ"은 내파음으로 소리가 밖으로 파열되지 않는다. (2) 잡다, 접다, 업다, 입다, 집다, 씹다 (동사/형용사의 예) 　　이들 동사의 경우에서는 종결어미 "‒ 다" 앞의 "ㅂ"이 내파음이다.

ㅂ 종성의 연음(連音) 발음법

"ㅂ" 종성이 뒤 따르는 모음으로 시작되는 조사나, 모음으로 시작되는 어미가 연결될 때는, 종성인 "ㅂ"이 그 뒤에 오는 조사나 어미의 초성처럼 연음으로 소리가 난다.

(1) 명사의 "ㅂ" 종성이 그 뒤에 오는 조사 "‒ 이, ‒ 은, ‒ 을, ‒ 에, ‒ 에서, ‒ 으로" 등과 연결될 때는, 그 조사와 결합하면서 초성처럼 발음된다.
　　밥 + 이 ⇒ [바비],　　밥 + 은 ⇒ [바븐],　　밥 + 을 ⇒ [바블],
　　밥 + 에 ⇒ [바베],　　밥 + 에서 ⇒ [바베서],　　밥 + 으로 ⇒ [바브로]
(2) 동사/형용사의 어간 종성이 어미 "‒ 아/‒ 어, ‒ 아서/‒ 어서, ‒ 았/‒ 었" 등과

연음될 때는, 그들 어미와 결합하여 초성처럼 발음된다.

잡 + 아 ⇒ [자바],　　　접 + 어 ⇒ [저버],　　　잡 + 았- ⇒ [자받-]

잡 + 아서 ⇒ [자바서],　　접 + 어서 ⇒ [저버서]

ㅍ 종성 발음법 (내파음)

(1) 명사: 앞, 잎, 숲, 섶

(2) 동사/형용사: 갚다, 깊다, 덮다, 엎다

ㅍ 종성의 연음(連音) 발음법

(1)의 명사는 조사 "- 이, - 은, - 을, - 에, - 으로" 등과 연음된다.

앞 + 이 ⇒ [아피],　　　앞 + 은 ⇒ [아픈],　　　앞 + 을 ⇒ [아플],

앞 + 에 ⇒ [아페],　　　앞 + 으로 ⇒ [아프로]

(2)의 동사/형용사는 어미 "- 아/- 어/- 여, - 았/었-" 등과 연음되어 발음된다.

갚 + 아 ⇒ [가파],　　　덮 + 어 ⇒ [더퍼],　　　갚 + 았- ⇒ [가팓-]

덮 + 었- ⇒ [더펃-]

파열음 ㅃ

★ "ㅃ"은 종성으로 쓰이지 않으므로 연음 현상도 없다.

2) 양순 비강음(兩脣 鼻腔音) "ㅁ"의 종성과 연음 발음법

양순 비강음(콧소리)은 공기가 두 입술 사이에서 막혀, 비강으로 흘러 들어가서 발음
되는 소리다.

"ㅁ"의 종성
(1) 감, 금, 김, 남, 담, 몸, 무덤, 밤, 범, 섬, 숨, 짐, 맘마, 엄마, 음   (2) 감다, 검다, 남다, 넘다, 담다, 숨다, 심다
"ㅁ" 종성의 연음 발음법
(1)의 명사 종성 "ㅁ"은 조사 "-이, -은, -을, -에, -으로" 등과 연음된다. 　　감 + 이 ⇒ [가미],　　감 + 은 ⇒ [가믄],　　감 + 을 ⇒ [가믈], 　　감 + 에 ⇒ [가메],　　감 + 으로 ⇒ [가므로]   (2)의 동사/형용사 종성 "ㅁ"은 어미 "-아/-어, -았/었-" 등과 연결되면 연음된다. 　　감 + 아 　⇒ [가마],　　검 + 어 ⇒ [거머], 　　감 + 았- ⇒ [가맏-],　　검 + 었- ⇒ [거먿-]

3) 치조 비강음(齒槽 鼻腔音) "ㄴ"의 종성과 연음 발음법

한국어 치조 비강음 "ㄴ"이 종성으로 쓰일 때는 초성 발음과 큰 차이는 없으나 연음된다.

"ㄴ"의 종성
(1) 간, 난, 논, 눈, 만, 문, 산, 신, 안, 군, 잔, 한, 판   (2) 간다, 난다, 만나다, 산다, 신다, 안다, 군다, 잔다, 한다, 판다
"ㄴ"의 종성과 연음 발음법
(1)의 명사 종성 "ㄴ"은 조사 "-이, -은, -을, -에, -으로" 등과 연결되면 연음된다. 　　안 + 이 ⇒ [아니],　　안 + 은 ⇒ [아는],　　안 + 을 ⇒ [아늘], 　　안 + 에 ⇒ [아네],　　안 + 으로 ⇒ [아느로]   (2)에 보인 동사/형용사는 어미 "-아/-어/-여, -았/었-" 등과 연음된다. 　　안 + 아 ⇒ [아나],　　신 + 어 ⇒ [시너],　　안 + 았- ⇒ [아낟-]

4) 유음(流音) "ㄹ"의 종성과 연음 발음법

치조(위 잇몸)에 혀끝을 살짝 대었다가 떼는 방식으로 공기를 흘려 보내면 흐름소리 "ㄹ"이 소리 난다. 그것이 종성으로 쓰일 때는 초성의 경우와 다소 차이가 있다.

"를"이라는 음절의 첫소리 "ㄹ"은 앞에서 이미 설명한 대로 혀끝이 위 잇몸에 온전히 닿지 않은 상태로 뒤따르는 모음으로 이어진다. 그러나 그 종성 "ㄹ"은 혀가 위 잇몸에 완전히 닿아서 끝소리 자음으로 이어져 나는 소리이다. 영어에 비교하여 말하면 초성(첫소리)로 쓰인 "ㄹ"은 [r] 소리에 가깝고, 종성(끝소리 받침)으로 쓰인 "ㄹ"은 [l] 소리에 가깝다.

"ㄹ" 종성
(1) 걸, 날, 늘, 달, 돌, 말, 밀, 벌, 불, 살, 술, 알, 잘, 줄, 칼, 탈, 팔, 풀
(2) 걸다, 날다, 늘다, 달다. 돌다, 말다, 밀다, 벌다, 불다, 살다, 알다, 잘다, 줄다, 팔다, 풀다
"ㄹ"종성의 연음 발음법
(1)의 명사의 종성 "ㄹ"은 조사 "-이, -은, -을, -에, -에게 -에서, -으로" 등과 결합할 때는 연음된다.
말 + 이 ⇒ [마리],   말 + 은 ⇒ [마른],   말 + 을 ⇒ [마를],   말 + 에 ⇒ [마레],   말 + 에서 ⇒ [마레서]   말 + 에게 ⇒ [마레게]
(2)에 동사/형용사는 어미 "-아/-어, -아서/-어서, -았/었-" 등과 결합하면 연음된다.
날 + 아 ⇒ [나라],   날 + 아서 ⇒ [나라서],   날 + 았- ⇒ [나랃-],   풀 + 어 ⇒ [푸러],   풀 + 어서 ⇒ [푸러서],   풀 + 었- ⇒ [푸럳-]

5) 마찰음(摩擦音) "ㅅ, ㅆ, ㅎ"의 종성과 연음(連音) 발음법

　마찰음은 공기가 입안의 일정한 자리에 만든 좁은 틈을 빠져 나오면서 나는 갈이 소리라 했다. 그런데 이 마찰음도 공기의 흐름을 막고, 그 종성이 밖으로 소리 나지 않으면 그 발음이 초성과 다르다.

치조 마찰음 "ㅅ"의 종성
(1) 갓, 굿, 낫, 넷, 다섯, 맛, 멋, 버섯, 붓, 삿갓, 셋, 옷, 잣, 탓
(2) 긋다, 낫다, 맛있다, 멋있다, 벗다, 붓다, 씻다, 웃다, 빼앗다

치조 마찰음 "ㅅ" 종성의 연음 발음법

(1)에 보인 명사의 종성 "ㅅ"은 조사 "-이, -은, -을, -에, -에서, -으로" 등과 연결될 때 연음이 되어 발음된다.

　　낫 + 이 ⇒ [나시], 　　낫 + 은 ⇒ [나슨], 　　낫 + 을 ⇒ [나슬],

　　씻 + 어 ⇒ [씨서], 　　낫 + 에서 ⇒ [나세서], 　　낫 + 으로 ⇒ [나스로]

(2)에 보인 동사/형용사의 종성 "ㅅ"은 어미 "-아/-어, -아서/-어서, -았/었-" 등과 연결될 때 연음된다.

　　빼앗 + 아 ⇒ [빼아사], 빼앗 + 아서 ⇒ [빼아사서], 빼앗 + 았- ⇒ [빼아삳-]

　　씻 + 어 ⇒ [씨서], 　　씻 + 어서 ⇒ [씨서서], 　　씻 + 었- ⇒ [씨섣-]

치조 마찰음 "ㅆ"종성과 연음 발음법

된소리 마찰음은 명사에는 쓰이지 않는다. 다만 존재사 "있다"에만 쓰여서 연음된다. 예를 들면, 존재사 "있다"는 각각 어미 "-아/-어, -아서/-어서, -았/었-" 등이 연결될 때 연음된다.

　　있 + 어 ⇒ [이써], 　　있 + 어서 ⇒ [이써서, 　　있 + 었- ⇒ [이썯-]

성문 마찰음 "ㅎ" 종성과 연음 발음법

　첫째로, 성문 마찰음 "ㅎ"은 성문을 조금 좁혀서 공기를 내보낼 때 나는 마찰음인데, 종성으로 쓰일 때는 특이성이 있다. 첫째로 그 뒤따르는 자음을 유기음(거센소리)으로 발음되게 하는 특성이 있다.

　　낳다 ⇒ [나타], 　　닳다 ⇒ [다타], 　　빻다 ⇒ [빠타], 　　좋다 ⇒ [조타]

　둘째로, 위의 동사/형용사 어간의 종성 "ㅎ"은 그에 뒤따르는 어미 "-아/-어,

－았－／－었－"등과 연결될 때, 그 소리가 약화되어 모음 어미처럼 발음되는 특성이 있다.

　　낳 + 아 ⟹ [낳아/나아], 　　낳 + 아서 ⟹ [낳아서/나아서],

　　좋 + 았－ ⟹ [조았－]

　　특히, 형용사 어간의 종성 "ㅎ"은 어미가 파열음이나 파찰음일 때는, 뒤에 결합되는 어미를 격음화(거센소리되기) 하는 특성이 있다.

　　좋다 ⟹ [조타], 　　낳고 ⟹ [나코], 　　낳지 ⟹ [나치], 　　놓다 ⟹ [노코]

6) 치조 파열음(齒槽 破裂音) "ㄷ, ㅌ, ㄸ"의 종성 발음법

이 치조(잇몸) 파열음은 앞에서 말한 양순 파열음과 같이 마지막 단계의 터뜨림 절차가 생략되어 종성으로 쓰일 때는 내파음이 된다. 이것은 앞에서 다룬 "ㅂ", "ㅍ", "ㅃ" 등과 공통된 점이다.

"ㄷ" 종성 발음법
(1) 곧, 곧장, 낟알
(2) 닫다, 받다, 얻다, 돋다, 곧다, 뻗다, 굳다

"ㄷ" 종성의 연음 발음법
(1)의 명사의 "ㄷ" 받침은 뒤에 오는 조사 "－이, －은, －을, －에, －으로" 등과 결합될 때 연음으로 발음된다.

　　낟알 + 이 ⟹ [나다리], 　　낟알 + 은 ⟹ [나다른],

　　낟알 + 을 ⟹ [나다를], 　　낟알 + 에 ⟹ [나다레]

(2)의 형용사/동사의 "ㄷ" 받침은 어미 "－아/－어, －았/었－" 등과 결합될 때 연음된다.

　　닫 + 아 ⟹ [다다], 　　얻 + 어 ⟹ [어더],

　　곧 + 았－ ⟹ [고닫－], 　　굳 + 었－ ⟹ [구덛－]

"ㅌ" 종성 발음법
"ㅌ"은 정지(막음), 압축, 터뜨림 등 3단계로 발음하는데, 마지막 단계의 터뜨림을 생략한 것이 종성이다.

　　　　(1) 겉, 낱개, 낱낱이, 뭍(육지), 밭, 솥, 햇볕

　　　　(2) 같다, 맡다, 밭다, 붙다, 얕다,

"ㅌ" 종성의 연음 발음법

(1)의 명사의 "ㅌ" 받침은 조사 "-이, -은, -을, -에, -으로" 등과 연결될 때 연음으로 발음된다.

    밭 + 이 ⇒ [바치],   밭 + 은 ⇒ [바튼],   밭 + 을 ⇒ [바틀],

    밭 + 에 ⇒ [바테],   밭 + 으로 ⇒ [바트로]

(2)의 동사/형용사의 "ㅌ" 받침은 어미 "-어, -았/었-" 등과 결합할 때 연음된다.

    붙 + 어 ⇒ [부터],   맡 + 았- ⇒ [마탇-]

"ㄸ" 종성 발음법

★ ㄸ (쌍디귿)은 종성 발음으로 쓰이지 않는다.

7) 연구개 파열음(軟口蓋 破裂音) "ㄱ, ㅋ, ㄲ"의 종성 발음법

연구개 파열음은 혀뿌리를 연구개에 대어 공기의 흐름을 막고, 압축한 다음에 터뜨리는 소리라 했다. 이들의 종성은 파열 단계에서 터뜨리는 과정이 생긴다.

"ㄱ" 종성 발음법

"ㄱ"은 연구개에 혀뿌리를 대고 막음, 압축, 터뜨림 등의 3단계를 거쳐 소리 내는 파열음이다. 그런데 이것이 종성 곧 받침으로 쓰일 때는 터뜨림 과정이 생략된 내파음이다.

    (1) 각, 객, 곡, 국, 녹, 덕, 떡, 독, 막, 먹, 묵, 복, 속, 죽, 축, 걱정, 국가, 낙제, 축제

    (2) 막다, 먹다, 묵다, 박다, 속다, 작다, 적다, 죽다, 찍다

"ㄱ" 종성의 연음 발음법

(1)에 보인 명사의 "ㄱ" 받침은 조사 "-이, -은, -을, -에, -으로" 등과 연결될 때 연음된다.

    떡 + 이 ⇒ [떠기],   떡 + 은 ⇒ [떠근],   떡 + 을 ⇒ [떠글],

    국 + 에 ⇒ [구게],   국 + 으로 ⇒ [구그로]

(2)에 보인 동사/형용사 어간의 "ㄱ" 받침은 어미 "-아/-어, -았/었-" 등과 결합할 때 연음된다.

    막 + 아 ⇒ [마가],   먹 + 어 ⇒ [머거],   속 + 았- ⇒ [소갇-],

    적 + 었- ⇒ [저걷-]

"ㅋ" 종성 발음법

"ㅋ"을 종성으로 가진 예는 몇 개의 명사로 한정되어 있다.

　　부엌, 동녘, 북녘, 들녘 등

"ㅋ" 종성의 연음 발음법

위 명사의 종성인 "ㅋ" 받침은 조사 "-이, -은, -을, -에, -으로" 등과 결합할 때 연음된다.

　　부엌 + 이 ⇒ [부어키],　　부엌 + 은 ⇒ [부어큰],

　　부엌 + 을 ⇒ [부어클],　　부엌 + 에 ⇒ [부어케]

"ㄲ" 종성 발음법

"ㄲ"은 연구개에 혀뿌리를 대고 막음, 압축, 터뜨림 등의 3단계를 거쳐 소리 내는 파열음이다. 그런데 이것이 종성 곧 받침으로 쓰일 때는 터뜨림 과정이 생략된 내파음이다.

　　(1) 밖, 낚시, 꺾쇠

　　(2) 깎다, 닦다, 낚다, 엮다, 섞다, 솎다, 묶다

"ㄲ" 종성의 연음 발음법

(1)에 보인 명사의 종성인 "ㄲ" 받침은 조사 "-이, -은, -을, -에, -으로" 등과 결합될 때는 연음으로 발음된다.

　　밖 + 이 ⇒ [바끼],　　밖 + 은 ⇒ [바끈],　　밖 + 을 ⇒ [바끌],

　　밖 + 에 ⇒ [바께],　　밖 + 으로 ⇒ [바끄로]

(2)에 보인 동사/형용사 어간의 받침 "ㄲ"은 그 뒤에 어미 "-아/-어, -아서/-어서, -았/었-" 등이 연결될 때는 연음으로 발음된다.

　　깎 + 아 ⇒ [까까],　　꺾 + 어 ⇒ [꺼꺼],

　　깎 + 았 ⇒ [까깠],　　꺾 + 었- ⇒ [꺼껐-]

8) 연구개 비강음(軟口蓋 鼻腔音) "ㅇ"의 종성 발음법

연구개 비강음은 연구개에 혀뿌리를 대어 공기 흐름을 막고, 콧소리(비강음)로 내는 소리다. 이 소리는 초성으로는 발음되지 않고 종성으로만 발음된다.

"ㅇ" 종성 발음법

한국어에서 "ㅇ"을 종성으로 취하는 명사는 "농, 망, 방, 빵, 멍멍, 엉덩이, 웅덩이" 등이 있다.
 이들은 명사로만 쓰이며 조사와 결합되어도 연음으로 발음되지 않는다.
     방 + 이 ⇒ [방이],   방 + 은 ⇒ [방은],
     방 + 을 ⇒ [방을],   방 + 에 ⇒ [방에]

9) 경구개 파찰음(硬口蓋 破擦音) "ㅈ, ㅊ, ㅉ"의 종성 발음법

경구개 파찰음은 경구개에 혓바닥을 대어 내는 소리인데, 종성으로 발음될 때는 터뜨림의 단계가 생략된다. 이것도 파열음의 경우와 마찬가지로 종성은 내파음이 된다.

한국어의 음절과 단어의 형성

5.1 | 한국어의 음절

한국어의 음절은 언제나 모음이 중심이 되어 이루어진다.

(1) 모음(중성)만으로 된 음절

> 이, 에, 애, 위, 외, 으, 어, 아, 우, 오

모음 음절은 본래 "ㅣ", "ㅔ", "ㅐ" 등의 모습이지만, 이런 형태로는 실제 사용되는 한국어의 음절 형식으로 여기기 어렵다. 그래서 음가가 없는 동그라미를 형식적으로 표시하여 음절의 일반 형태를 갖추도록 한 것이다.

> 동그라미 + 모음 (예: 이, 애, 위 등)

위와 같은 모습이 실제로 한국어에서 쓰이는 모음의 음절 형태이다.

(2) 자음(초성) + 모음

가, 나, 다, 라, 마, 바, 사, 아, 우 등

이들은 자음과 모음으로 이루어진 음절이다. 음절은 글자의 본래 뜻보다는 소리만으로 이루어지므로 그것이 뜻이 있는 단어이든 아니든 상관이 없다. 이런 음절 중에는 단어로도 쓰이는 것이 있으나 일반적인 단어 모습은 아니다.

　　　　나(我), 너(汝), 다(全部), 사(四)

등은 뜻을 가진 한 음절이므로 단어로 여길 수도 있다. 그러나 이런 하나의 음절만으로는 단어를 형성하는 일은 흔치 않다. 한국어의 단어는 대부분 2음절로 형성되기 때문이다.

　　　　나무(木), 사내(男), 여자(女), 너무(過度), 누나(姉妹),
　　　　아우(弟), 자미(滋味), 시계(時計), 기차(汽車)

등은 두 음절로 된 단어로서 두루 쓰인다.

(3) 모음 + 자음(종성)

운, 움, 은, 을, 알, 올, 옹, 영, 왼, 용, 임, 암

모음과 종성(끝소리) 자음으로 이루어진 음절이다. 이 때 모음 앞의 동그라미는 자음이 아니므로, 모음과 종성 자음만으로 이루어진 음절이다.

(4) 자음(초성) + 모음 + 자음(종성)

각, 난, 당, 망, 물, 술, 산, 반, 공, 관, 병, 강, 장, 손, 발, 목

이러한 음절 모양이 가장 일반적 한국어 음절 형태이다. 종성의 "ㅇ"(이응)은 자음이며, 모음 앞의 첫소리 동그라미와는 음가가 다른 것이다.

여기서 유의할 점은 이것이 한 음절이라는 것이다. 한국어의 음절은 모음이 중심에 있어야만 한다. 자음이 몇 개 있더라도 그들만으로는 음절을 구성하지 못한다. 그러므로 모음의 수가 곧 음절수가 되는 것이다.

음절표

모음 자음	ㅣ	ㅔ	ㅐ	ㅡ	ㅓ	ㅏ	ㅜ	ㅗ	ㅟ	ㅚ
ㅂ	비	베	배	브	버	바	부	보	*뷔	뵈
ㅍ	피	페	패	프	퍼	파	푸	포	*퓌	*푀
ㅃ	삐	*뻬	빼	쁘	뻐	빠	뿌	뽀	*쀠	*뾔
ㄷ	디	데	대	드	더	다	두	도	뒤	되
ㅌ	티	테	태	트	터	타	투	토	튀	퇴
ㄸ	띠	떼	때	뜨	떠	따	뚜	또	뛰	뙤
ㄱ	기	게	개	그	거	가	구	고	귀	괴
ㅋ	키	케	캐	크	커	카	쿠	코	퀴	쾨
ㄲ	끼	께	깨	끄	꺼	까	꾸	꼬	뀌	꾀
ㅈ	지	제	재	즈	저	자	주	조	쥐	죄
ㅊ	치	체	채	츠	처	차	추	초	취	최
ㅉ	찌	쩨	째	*쯔	쩌	짜	쭈	쪼	*쮜	쬐
ㅅ	시	세	새	스	서	사	수	소	쉬	쇠
ㅆ	씨	쎄	쌔	쓰	써	싸	쑤	쏘	*쒸	쐬
ㅎ	히	헤	해	흐	허	하	후	호	휘	회
ㅁ	미	메	매	므	머	마	무	모	뮈	뫼
ㄴ	니	네	내	느	너	나	누	노	뉘	뇌
ㄹ	리	레	래	르	러	라	루	로	*뤼	뢰

초성과 모음으로 이루어진 것이며, 잘 안 쓰이는 것은 * 표를 붙여두었다. 이 음절표는 음성학적 측면에서 만든 것이며, 전통적인 "가갸거겨" 음절표와는 다르다. 전통적인 음절표는 뒤에 참고로 제시하고 문제점을 지적하였으므로, 참고로 하여 현대적이고 합리적인 음절표로 대치하여야 할 것이다.

"ㅇ" 자음 곧 이응(ㅇ)은 종성으로만 쓰이고 첫소리는 없다. 다만 "아이", "이"에서처럼 첫 자리의 동그라미는 모음 음절의 첫 자리를 형식적으로 채워 주는 모습일 뿐이다. 곧 소리값이 없는 허형태이다. 이것을 종성 이응과 혼동해서는 안 된다.

전통적인 "가갸거겨" 음절표

모음 자음	ㅏ	ㅑ	ㅓ	ㅕ	ㅗ	ㅛ	ㅜ	ㅠ	ㅡ	ㅣ
ㄱ	가	갸	거	겨	고	교	구	규	그	기
ㄴ	나	냐	너	녀	노	뇨	누	뉴	느	니
ㄷ	다	댜	더	뎌	도	됴	두	듀	드	디
ㄹ	라	랴	러	려	로	료	루	류	르	리
ㅁ	마	먀	머	며	모	묘	무	뮤	므	미
ㅂ	바	뱌	버	벼	보	뵤	부	뷰	브	비
ㅅ	사	샤	서	셔	소	쇼	수	슈	스	시
ㅇ	아	야	어	여	오	요	우	유	으	이
ㅈ	자	쟈	저	져	조	죠	주	쥬	즈	지
ㅊ	차	챠	처	쳐	초	쵸	추	츄	츠	치
ㅋ	카	캬	커	켜	코	쿄	쿠	큐	크	키
ㅌ	타	탸	터	텨	토	툐	투	튜	트	티
ㅍ	파	퍄	퍼	펴	포	표	푸	퓨	프	피
ㅎ	하	햐	허	혀	호	효	후	휴	흐	히

전통적인 음절표의 문제점

첫째, 모음의 경우 단순 모음을 기본으로 한 음절 표에 중모음 "ㅑ, ㅕ, ㅛ, ㅠ"가 들어가 있는 반면에 단순 모음 "ㅐ, ㅔ, ㅚ, ㅟ"가 빠져 있다. 이것은 중요한 문제점이다. 기본적으로 단순모음을 위주로 해야 할 음절표에 그와 같은 혼동현상이 있음은 문제이다. 또 모음의 배열순서도 언어학적인 근거가 없이 오래 전의 인습에 따라 전래되고 있다.

둘째, 중모음 "ㅑ, ㅕ, ㅛ, ㅠ"가 기본 모음처럼 들어가 있어서 그들과 자음이 결합되는 음절은 전혀 쓰이지 않는 것들이 다수 들어가 있다. "뱌, 뵤, 샤, 슈, 먀, 퓨, 듀, 튜, 뜌, 댜, 탸, 쟈, 죠, 쥬, 츄, 챠" 등 생소한 음절이 음절표에 들어 있다. 이들은 현재 한국어에서는 사용되지 않는 음절들이다. 곧 한국어의 일상 대화나 글에서는 쓰지 않는 것들이다.

셋째, 자음의 경우 음절의 첫소리로 발음되지 않는 동그라미(ㅇ)가 자음으로 배열한 것은 문제다. 이 동그라미(ㅇ)는 종성으로만 발음되므로 음절표에서 초성 자음인 것처럼 표시한 것은 안 되는 일이다.

넷째, 자음에는 현재 단순 자음으로 쓰이고 있는 된소리 "ㅃ, ㄸ, ㄲ, ㅉ, ㅆ" 등이 음절표에 빠진 것은 언어학적으로도 문제이고 발음 교육상 중대한 결점이다.

다섯째, 자음들의 순서를 배치한 것 또한 문제다. 전통적으로 가나다라를 기준으로 한 것이지만, 현대 언어과학의 견지에서 발음 위치나 방법 등을 기준으로 배열하여야 마땅하다.

이와 같은 중요한 문제점이 있는데도 대부분의 한국어 교과서에서 그런 불합리한 배열과 언어학적으로 중대한 결함을 가지고 있는 음절표를 무비판적으로 답습하는 것은 하루 빨리 시정해야 할 일이다. 우리가 앞에서 먼저 제시한 음절표는 전통적인 것을 지양하고, 새로운 각도에서 개선하여 음절 순서를 정하고 배열하여 새로운 음절표를 만들었으므로 깊이 고려해야 할 것이다.

5.2 한국어의 음절과 단어

각 단어는 음절이 한 개 이상 결합하여 이루어진다.

(1) 1음절만으로 이루어진 단어

암, 임, 움, 비, 무, 묵, 속, 산, 강, 물, 문, 종, 중, 상, 집, 삶, 앎, 달, 해, 눈,
손, 발, 몸, 감, 밤, 별, 개, 새, 닭, 곰, 꿈, 춤, 형, 굴, 공, 콩, 팥, 숯, 술 …

(2) 2음절로 된 단어 (가장 일반적임)

가지, 오이, 바지, 남자, 여자, 아이, 소년, 소녀, 학교, 교실, 하늘, 나무,
동물, 오리, 우리, 마리, 건물, 돛배, 삼베, 모시, 우박, 토끼, 돼지, 황소,
기차, 나물, 홍차, 인삼, 아우, 누님, 간장, 된장, 마늘, 담배 …

(3) 3음절로 된 단어

아버지, 어머니, 할머니, 아저씨, 여동생, 저고리, 너구리, 족두리, 콩나물,
고추장, 소고기, 닭고기, 산돼지, 호랑이, 막걸이, 참기름, 갈비탕, 순댓국,
설렁탕, 비빔밥, 모가지, 모십기, 사랑방, 아리랑 …

(4) 4음절 이상으로 된 단어

할아버지, 아주머니, 돼지고기, 해바라기, 노랫가락, 우물쭈물, 산꼭대기,
숨바꼭질, 꼬리곰탕 …

5.3 한글 자모 쓰기

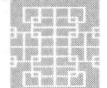

(1) 모음 글자 쓰기 연습

아래 표의 윗줄에 있는 보기 글자를 아래 빈칸에 쓰는 연습을 한다. 여기에 보인 예 이외에 스스로 칸을 더 만들어 써넣기 연습을 되풀이하도록 한다.

단모음 쓰기 연습									
보기	ㅣ	ㅔ	ㅐ	ㅡ	ㅓ	ㅏ	ㅜ	ㅗ	ㅟ	ㅚ
쓰기									
쓰기									
쓰기									
쓰기									
쓰기									
중모음 쓰기 연습									
보기	ㅑ	ㅕ	ㅛ	ㅠ	ㅒ	ㅖ	ㅘ	ㅝ	ㅙ	ㅞ
쓰기									
쓰기									
쓰기									
쓰기									
쓰기									

(2) 자음 글자 쓰기 연습

보기	ㅂ	ㅍ	ㅃ	ㄷ	ㅌ	ㄸ	ㄱ	ㅋ	ㄲ	
쓰기										
쓰기										
쓰기										
쓰기										
쓰기										
쓰기										
보기	ㅈ	ㅊ	ㅉ	ㅅ	ㅆ	ㅎ	ㅁ	ㄴ	ㄹ	ㅇ
쓰기										
쓰기										
쓰기										
쓰기										
쓰기										
쓰기										

(3) 음절 (자음 + 모음) 쓰기

보기	비	베	배	브	버	바	부	보	뷔	뵈
쓰기										
보기	피	페	패	프	퍼	파	푸	포	퓌	푀
쓰기										
보기	삐	뻬	빼	쁘	뻐	빠	뿌	뽀	쀠	뾔
쓰기										
보기	디	데	대	드	더	다	두	도	뒤	되
쓰기										
보기	티	테	태	트	터	타	투	토	튀	퇴
쓰기										
보기	띠	떼	때	뜨	떠	따	뚜	또	뛰	뙤
쓰기										
보기	기	게	개	그	거	가	구	고	귀	괴
쓰기										
보기	키	케	캐	크	커	카	쿠	코	퀴	쾨
쓰기										
보기	끼	께	깨	끄	꺼	까	꾸	꼬	뀌	꾀
쓰기										

보기	지	제	재	즈	저	자	주	조	쥐	죄
쓰기										
보기	치	체	채	츠	처	차	추	초	취	최
쓰기										
보기	찌	쩨	째	쯔	쩌	짜	쭈	쪼	쮜	쬐
쓰기										
보기	시	세	새	스	서	사	수	소	쉬	쇠
쓰기										
보기	씨	쎄	쌔	쓰	써	싸	쑤	쏘	쒸	쐬
쓰기										
보기	히	헤	해	흐	허	하	후	호	휘	회
쓰기										
보기	미	메	매	므	머	마	무	모	뮈	뫼
쓰기										
보기	니	네	내	느	너	나	누	노	뉘	뇌
쓰기										
보기	리	레	래	르	러	라	루	로	뤼	뢰
쓰기										

일상 인사말

안녕하십니까?
예, 안녕하십니까?

반갑습니다.
예, 반갑습니다.

선생님, 건강하십니까?
예, 건강합니다.

오늘 날씨가 좋습니다.
예, 날씨가 좋습니다.

한국말이 재미있습니까?
예, 한국말이 재미있습니다.

한국을 좋아하십니까?
예, 한국을 좋아합니다.

이 김치가 맛있습니까?
예, 맛있습니다.

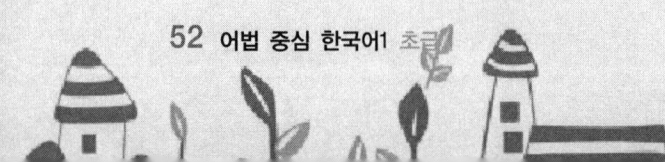

메모하세요

제6과
사물 이름 묻고 대답하기

6.1 사물의 이름 말하기

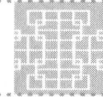 **기본 유형 : -입니다**

이것이 책입니다.

이것이 가방입니다.

이것이 옷입니다.

이것이 신발입니다.

1 연습하기

> **보기** 얼굴 ‥ 이것이 얼굴입니다.

(1) 손 ‥ 이것이 손입니다.   (2) 팔   ‥ 이것이 팔입니다.

(3) 발 ‥ 이것이 발입니다.   (4) 다리 ‥ 이것이 다리입니다.

(5) 눈 ‥ 이것이 눈입니다.   (6) 귀 ‥ 이것이 귀입니다.

(7) 코 ‥ 이것이 코입니다.   (8) 입 ‥ 이것이 입입니다.

2 발음

> 책입니다   ⇒ [채김니다]   옷입니다 ⇒ [오심니다]
> 얼굴입니다 ⇒ [얼구림니다]   손입니다 ⇒ [소님니다]
> 팔입니다   ⇒ [파림니다]   눈입니다 ⇒ [누님니다]
> 입입니다   ⇒ [이빔니다]

3 어법

❶ 주어와 서술어의 용법

· 문장 = 주어 + 서술어

· 주어: 문장의 핵심 또는 머리가 되는 말이며, "-이/-가"를 붙여서 쓴다.
· 서술어: 문장에서 주어를 풀이하는 말이며, 체언에 "-입니다"를 붙여서 쓴다.
· -입니다: '무엇이 무엇입니다'라는 문장 형식의 뒤쪽 부분에서 앞의 주어를 설명하
           는 서술어 어미다.

주어	서술어
이것이	책입니다
이것이	손입니다

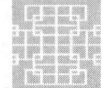

6.2 사물의 이름 묻기

 **기본 유형 : ─입니까?**

이것이 거리입니까?

이것이 길입니까?

이것이 자동차입니까?

이것이 자전거입니까?

1 연습하기

> **보기** 식당 ·· 이것이 식당입니까?

(1) 음식점 ·· 이것이 음식점입니까?

(2) 밥 ·· 이것이 밥입니까?

(3) 비빔밥 ·· 이것이 비빔밥입니까?

(4) 국 ·· 이것이 국입니까?

(5) 김치 ·· 이것이 김치입니까?

(6) 소고기 ·· 이것이 소고기입니까?

(7) 생선 ·· 이것이 생선입니까?

(8) 닭고기 ·· 이것이 닭고기입니까?

(9) 돼지고기 ·· 이것이 돼지고기입니까?

(10) 계란 ·· 이것이 계란입니까?

2 발음

길입니까 ⇒ [기림니까]		집입니까	⇒ [지빔니까]
밥입니까 ⇒ [바빔니까]		비빔밥입니까	⇒ [비빔빠빔니까]
국입니까 ⇒ [구김니까]			

3 어법

❶ "-입니까?"의 용법

· -입니까? : 묻는 말의 서술어로 쓰이는 의문형의 서술어 어미다. 서술어에 체언(명사, 대명사, 수사)이 포함될 때는 "-입니까?"를 쓰고, 서술어가 동사나 형용사일 때는 "-ㅂ니까?/-습니까?"를 쓴다.

보통 서술문의 서술어 어미인 "-입니다"가 의문문의 서술어 어미로 나타낼 때는 끝 글자를 "-까"로 바꾸고 그 뒤에 의문 부호 "?"를 붙인다. 실제로 말을 할 때는 문장 끝에 높임 억양(抑揚)을 넣어서 발음한다.

예) 이것이 <u>책입니다.</u> ↘ ·· (서술문에서는 **낮춤 억양**으로 말한다.)
　　이것이 <u>책입니까?</u> ↗ ·· (의문문에서는 **높임 억양**으로 말한다.)

주어	서술어
이것이	책입니까? ↗
이것이	김치입니까? ↗

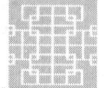

6.3 사물의 이름 묻기와 대답

 **기본 유형 : -입니까? / -입니다**

이것이 구두입니까?
　　예, 그것이 구두입니다.

그것이 양말입니까?
　　예, 이것이 양말입니다.

저것이 모자입니까?
　　예, 저것이 모자입니다.

1 연습하기

> **보기**　이것이 학교입니까?
> 　　　　예, 그것이 학교입니다.

(1) 이것이 중학교입니까?
　　예, 그것이 중학교입니다.

(2) 그것이 고등학교입니까?
　　예, 이것이 고등학교입니다.

(3) 저것이 대학교입니까?
　　예, 저것이 대학교입니다.

(4) 이것이 교실입니까?
　　예, 그것이 교실입니다.

(5) 여기가 학교 도서관입니까?
　　예, 거기가 우리 학교 도서관입니다.

(6) 저기가 대학교 박물관입니까?

   예, 저기가 대학교 박물관입니다.

(7) 이곳이 학교 식당입니까?

   예, 그곳이 학교 식당입니다.

(8) 이것이 마당입니까?

   예, 그것이 마당입니다.

(9) 저것이 대문입니까?

   예, 저것이 대문입니다.

(10) 이것이 창문입니까?

   예, 그것이 창문입니다.

2 발음

이것이	⇒ [이거시]	그것이	⇒ [그거시]
저것이	⇒ [저거시]	교실입니다	⇒ [교시림니다
학교입니다	⇒ [하꾜임니다]		

3 어법

"이것", "그것", "저것": 어떤 사물을 대신하여 가리키는 말.

· 이것: 화자에게 가까운 물건을 화자 자신이 가리키는 말.

   예 화자: **이것이** 시계입니다.

· 그것: 청자에게 가까운 물건을 화자가 가리키는 말.

   예 청자: **그것이** 시계입니다.

· 저것: 화자나 청자에게서 떨어진 곳의 물건을 가리키는 말.

　　　예❭　화자 또는 청자: **저것이** 자동차입니다.

· 예: 묻는 말에 긍정적으로 대답할 때 쓰는 말이며, 문장의 첫머리에 쓴다. (부정적으로 대답할 때는 "아니요"를 쓴다. 이것은 제9과에서 다룬다.)

　　　예❭　이것이 책입니까?
　　　　　예, 그것이 책입니다.

　　　　　그것이 신문입니까?
　　　　　예, 이것이 신문입니다.

　　　　　저것이 학교입니까?
　　　　　예, 저것이 학교입니다.

메모하세요

제7과
가리킴 말

7.1 사물 이름 가리킴 말

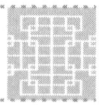

기본 유형 : 이, 그, 저

소나무

무궁화

이 나라가 한국입니까?
    예, 그 나라가 한국입니다.

그 자동차가 한국산입니까?
    예, 이 자동차는 한국산입니다.

저 산이 도봉산입니까?
    예, 저 산이 도봉산입니다.

이 음식이 깍두기입니까?
    예, 그 음식이 깍두기입니다.

저 술이 한국 술입니까?
    예, 저 술이 한국 술입니다.

1 연습하기

> **보기**　이 나무가 소나무입니까?
> 　　　　예, 그 나무가 소나무입니다.

(1) 이 꽃이 무궁화입니까?

　　　예, 그 꽃이 무궁화입니다.

(2) 그 노래가 아리랑입니까?

　　　예, 이 노래가 아리랑입니다.

(3) 저 연속극이 '겨울 연가'입니까?

　　　예, 저 연속극이 '겨울 연가'입니다.

(4) 이 쌀이 햅쌀입니까?

　　　예, 그 쌀이 햅쌀입니다.

(5) 그 음악이 한국 전통의 농악입니까?

　　　예, 이 음악이 한국 전통의 농악입니다.

(6) 이 그림이 김정희의 '세한도'입니까?

　　　예, 그 그림이 김정희의 '세한도'입니다.

(7) 저 춤이 한국의 전통 춤입니까?

　　　예, 저 춤이 한국의 전통 춤입니다.

(8) 저 강이 '한강'입니까?

　　　예, 저 강이 '한강'입니다.

(9) 저 노래가 한국의 대중가요입니까?

　　　예, 저 노래가 요즈음 유행하는 한국 대중가요입니다.

(10) 저 자동차가 한국산 고급 자동차입니까?

　　　예, 저 자동차가 한국산 고급 자동차입니다.

2 발음

한국입니까 ⇒ [한구김니까]   한국 사람입니까 ⇒ [한국 사라밈니까]

책입니다 ⇒ [채김니다]   깍두기입니다 ⇒ [깍두김니다]

한국산입니다 ⇒ [한국싸님니다]   술입니다 ⇒ [수림니다]

3 어법

❶ 〈이, 그, 저〉의 용법

한국어 "이", "그", "저"는 각기 뒤따르는 명사를 제한적으로 가리킨다.

> 예 "이 집", "그 학교", "저 산", "저 강"

· 이: 화자에게 가까운 물건을 가리킨다.

> 예 이 방이 식당입니다.
> 이 방이 응접실입니다.

· 그: 청자에게 가까운 물건을 가리킨다.

> 예 그 집이 음식점입니까?
> 예, 그 집이 음식점입니다.

· 저: 화자와 청자에게서 떨어진 물건을 가리킨다.

> 예 저 건물이 학교입니까?
> 예, 저 건물이 학교입니다.

7.2 사람 명사의 가리킴 말

 기본 유형 : 이 학생, 그 사람, 저 여자…

이 학생이 외국 유학생입니까?

　예, 그 학생이 외국 유학생입니다.

이 여학생이 중국 사람입니까?

　예, 그 여학생이 중국 사람입니다.

그 사람이 학생의 친구입니까?

　예, 이 사람이 제 친구입니다.

저 여자 분이 한국어 선생님입니까?

　예, 저 여자 분이 한국어 선생님입니다.

1 연습하기

보기 　이 사람이 고등학생입니까?
　　　　　예, 그 사람이 고등학생입니다.

(1) 이 여자가 영화배우입니까?
　　예, 그 여자가 영화배우입니다.

(2) 이 아이가 아들입니까?
　　예, 그 아이가 우리 아들입니다.

(3) 이 아주머니가 가게 주인입니까?
　　예, 그 아주머니가 가게 주인입니다.

(4) 저 젊은이가 축구 선수입니까?

　　예, 저 젊은이가 축구 선수입니다.

(5) 저 아저씨가 운전사입니까?

　　예, 저 아저씨가 운전사입니다.

2 발음

아들입니까 ⇒ [아드림니까]	주인입니다 ⇒ [주이님니다]
젊은이 ⇒ [절므니]	선생님입니다 ⇒ [선생니밈니다]

3 어법

❶ 사람 명사의 가리킴 말의 용법

"이", "그", "저" 다음에 "사람"을 나타내는 말을 쓰면, 어떤 사람을 구별해서 가리키는 말이 된다.

　　예　이 남자, 그 여자, 저 아이, 그 친구, 이 선생, 저 아저씨 ...

· 이 사람: 화자(話者)에게 가까이 있는 사람.

　　예　이 사람이 가게 점원입니까?

　　　　예, 그 사람이 가게 점원입니다.

· 그 여자: 청자(聽者)에게 가까이 있는 여자.

　　예　그 여자가 대학생입니까?

　　　　예, 이 여자가 대학생입니다.

· 저 아이: 화자(話者)와 청자(聽者)에게서 떨어진 위치에 있는 아이

　　예　저 아이가 딸입니까?

　　　　예, 저 아이가 제 딸입니다.

7.3 주어 조사

기본 유형 : -이, -가

이 사람이 직원입니까?

예, 그 사람이 직원입니다.

그 여자가 여직원입니까?

예, 이 여자가 여직원입니다.

저 건물이 병원입니까?

예, 저 건물이 병원입니다.

1 연습하기

> **보기** 이 남자가 의사입니까?
>
> 예, 그 남자가 의사입니다.

(1) 이 소녀가 중학생입니까?

예, 그 소녀가 중학생입니다.

(2) 저 남자가 집 주인입니까?

예, 저 남자가 집 주인입니다.

(3) 이 소년이 초등학생입니까?

예, 그 소년이 초등학생입니다.

(4) 이 청년이 대학생입니까?

예, 그 청년이 대학생입니다.

(5) 이 아주머니가 통장입니까?

예, 그 아주머니가 통장입니다.

2 발음

남편입니다 ⇒ [남펴님니다]
부인입니다 ⇒ [부이님니다]

3 어법

❶ 주어 조사 "-이"와 "-가"의 용법

주어 조사는 문장의 주어에 첨가되는 "-이" 또는 "-가"이다. 한국어의 문장은 체언에 주어 조사가 첨가되어 그것이 주어임을 나타내는 것이 보통이다. 주어 조사 "-이" 또는 "-가"는 명사의 끝소리에 따라 다른 형태가 선택되어 쓰인다.

· 이: 앞 체언의 끝음절이 자음으로 끝난 주어 뒤에 쓰인다.

> 예 이것이 코입니다.
> 이 물건이 가방입니다.
> 이 사람이 직원입니다.

· 가: 앞 체언의 끝음절이 모음으로 끝난 주어 뒤에 쓰인다.

> 예 그 여자가 주인입니다.
> 저 자동차가 택시입니다.
> 이 남자가 외국 사람입니다.

메모하세요

제8과
의문사

8.1 의문사 "무엇"과 주제 조사

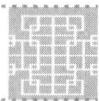

 **기본 유형 : 무엇입니까?**

이것이 무엇입니까?
　　그것은 사과입니다.

그것이 무엇입니까?
　　이것은 떡입니다.

저것이 무엇입니까?
　　저것은 백화점입니다.

이 음식이 무엇입니까?
　　이 음식은 설렁탕입니다.

저 건물이 무엇입니까?
　　저 건물은 경복궁입니다.

1 연습하기

> **보기** 이것이 무엇입니까?
>
> 소주 ·· 그것은 소주입니다.

(1) 저것이 무엇입니까?

막걸리 ·· 저것은 막걸리입니다.

(2) 그것이 무엇입니까?

홍차 ·· 이것은 홍차입니다.

(3) 저것이 무엇입니까?

인삼차 ·· 저것은 인삼차입니다.

(4) 이것이 무엇입니까?

생강차 ·· 그것은 생강차입니다.

(5) 저것이 무엇입니까?

과자 ·· 저것은 과자입니다.

2 발음

> 무엇입니까 ⇒ [무어심니까]   떡입니다 ⇒ [떠김니다]
>
> 막걸리입니다 ⇒ [마껄리임니다]

3 어법

❶ 의문사 "무엇"의 용법

의문사란 모르는 사물이나 사람에 대하여 묻는 말이다. "무엇"을 비롯하여 "어디", "누구", "언제" 등이 자주 쓰이는 의문사이다. 여기서는 우선 "무엇"에 대하여 용법을 풀이하고 다른 의문사는 뒤에서 차차 풀이한다. "무엇"은 사물에만 쓰이고 사람에 대하여 쓰지 못한다.

예 이것이 **무엇**입니까?

이 보따리가 **무엇**입니까?

❷ 주제 조사 "－은", "－는"의 용법

주제 조사는 앞에서 말한 주어 조사 "－이" 또는 "－가"와는 형태나 용법이 다르다. 주어 조사는 대개 결합된 체언이 주어임을 표시할 뿐이고, 다른 특별한 의미나 기능이 없다. 그런데 주제 조사는 이와는 달리 결합된 체언으로 하여금 주제임을 표시할 뿐 아니라, 그 주제 조사가 결합된 체언을 다른 것과 구별하는 특별한 의미 기능을 지니고 있다.

(가) 주제는 화제가 된 사람이나 사물을 가리킨다.

(1) 이 사람**이** 외국 학생입니다.　　(처음 등장하는 주어 표지)

(2) 이 사람**은** 유학생입니다.　　(주어를 주제로 해서 다룬다.)

(3) 이 사람**은** 동남아 사람입니다.　(또 다른 주어를 주제로 삼는다.)

(1)의 "이 사람"은 다른 특별한 뜻을 구분할 필요가 없으므로, 주어를 표시하는 '주어 조사' "－이"를 쓴 것이다. (2)와 (3)의 "이 사람"은 (1)에서 처음 밝힌 "이 사람"에 대하여 화제 혹은 주제로 삼아 서술할 필요가 있으므로, "이 사람"을 주제로 표시하는 '주제 조사' "－은"을 쓴 것이다.

(나) 주제는 질문에 대답하거나 설명하는 문장들을 가리킨다.

처음 질문하는 문장에는 주어 조사가 쓰이고, 그 질문에 대해서 대답하고 설명하는 문장들에는 주제 조사가 쓰이는 것이 보통이다.

(1) 이것**이** 칫솔입니까?

(2) 예, 그것**은** 칫솔입니다.

(3) 저것**은** 치약입니다.

(1)은 처음 질문하는 첫째 문장이므로 '주어 조사' "-이"가 쓰이지만, 그 뒤의 (2), (3)은 (1)에서 질문한 내용에 대하여 주제를 삼아 언급하므로 '주제 조사' "-은"이 쓰인 것이다.

(다) 둘째, 셋째 등 계속하는 문장의 주제에는 주제 조사가 쓰인다.

처음 말하는 문장의 주어에는 대개 주어 조사 "-이/가"가 쓰이지만, 그 문장의 주어가 다시 쓰이거나 관련된 문장들의 주어를 이어서 거듭 가리킬 때는 주제 조사 "-은/는"이 쓰인다.

이 사람**이** 친구입니까?　　　　(처음 나타나는 주어)

예, 그 사람**은** 친구입니다.　　　(앞의 주어 문장에서 도입한 주제)

그 사람**은** 외국 사람입니다.　　　(앞에 이미 나타난 주제)

이 김치**가** 배추김치입니다.　　　(다시 처음 나타나는 다른 주어)

이 김치**는** 배추김치가 아닙니다.　(이미 알고 있는 앞의 주어를 다시 언급하는 주제)

(라) 주제 조사는 대조 구별을 나타낼 때 쓰인다.

이 상품**은** 외국산이지만, 저 물건**은** 한국산입니다.

　　("이 상품"과 "저 물건"을 비교 대조한 것이다.)

이 사람들**은** 외국 학생들이지만, 저 사람들**은** 한국학생들입니다.

　　("이 사람들"과 "저 사람들"을 비교 대조하므로 주제 조사가 쓰인 것이다.)

저 여자**는** 미인입니다.

　　("저 여자"를 미인이 아닌 다른 사람들과 마음속으로 비교한 것이다.)

주어와 주제는 비슷한 경우도 있어서 외국인이 구분하기 어려운 점이 있다. 한국 사람도 느낌으로는 구분하지만, 그 자세한 의미 차이를 설명하기는 어렵다. 그러나 외국인도 한국 문장의 쓰임에 숙달하면, 차차 그 자세한 용법의 차이를 이해할 수 있을 것이다.

❸ 주제 조사 형태의 가려 쓰기

모음으로 끝난 명사 다음에는 "-은"이 쓰이고, 자음으로 끝난 명사 다음에는 "-는"이 쓰인다.

 이 사람**은** 주인이고, 저 사람**은** 종업원이다.
　　　이 여자**는** 음악가이고, 저 여자**는** 사업가다.

8.2 　사물의 종류나 성질을 묻는 말

 **기본 유형 : 무슨, 어떤**

이것이 무슨 책입니까?
　　이것은 역사책입니다.

저것이 무슨 글자입니까?
　　저것은 한글입니다.

그것이 무슨 사전입니까?
　　이것은 한국어 사전입니다.

저 젊은이는 어떤 사람입니까?
　　그 사람은 유명한 축구 선수입니다.

> 보기 저것이 무슨 음식점입니까?
>
> 　　　한국 음식점 ·· 저것은 한국 음식점입니다.

(1) 이것이 무슨 음식입니까?

　　짜장면　·· 그것은 짜장면입니다.

(2) 이것이 무슨 국입니까?

　　쇠고깃국 ·· 그것은 쇠고깃국입니다.

(3) 그것이 어떤 맛입니까?

　　매운 맛 ·· 이것은 매운 맛입니다.

(4) 이것이 어떤 고기입니까?

　　닭고기　·· 그것은 닭고기입니다.

(5) 저것이 어떤 생선입니까?

　　조기　　·· 저것은 조기입니다.

2 발음

이것이	⇒ [이거시]	이것은	⇒ [이거슨]
저것이	⇒ [저거시]	저것은	⇒ [저거슨]
말입니까	⇒ [마림니까]	음식점	⇒ [음식쩜]
고깃국	⇒ [고기꾹]	닭고기	⇒ [닥꼬기]

3 어법

❶ "무슨"의 용법

　"무슨"은 무엇인지 모르는 사물에 대하여 물을 때 가리키는 말로 쓰인다. "무슨"이 명사 앞에 쓰이면 그 사물의 내용이나 속성 및 특성을 묻는 의문문이 된다. 다만, 사람

명사에는 거의 쓰이지 않는다.

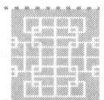 **무슨** 약입니까?　　　**무슨** 노래입니까?

무슨 뜻입니까?　　　**무슨** 책입니까?

무슨 말입니까?　　　**무슨** 생각입니까?

무슨 색깔입니까?　　　**무슨** 혈액형입니까?

❷ "어떤"의 용법

사물 뿐 아니라 사람의 성질에 대하여 물어 볼 때 쓰인다.

그것이 **어떤** 물건입니까?　　　**어떤** 음식입니까?

어떤 차입니까?　　　그 청년이 **어떤** 사람입니까?

저 직원이 **어떤** 여자입니까?　　　저 선생이 **어떤** 과목 선생입니까?

저분이 **어떤** 선수입니까?

8.3 장소를 묻는 의문사

 **기본 유형 : "어디"**

남산타워

여기가 어디입니까?
　여기는 백화점입니다.

거기가 어디입니까?
　여기는 극장입니다.

저기가 어디입니까?
　저기는 박물관입니다.

1 연습하기

보기 여기가 어디입니까?

시장 ·· 여기는 시장입니다.

(1) 저기가 어디입니까?

남산 ·· 저기는 남산입니다.

(2) 거기가 어디입니까?

광화문 ·· 여기는 광화문입니다.

(3) 거기가 어디입니까?

한강 ·· 여기는 한강입니다.

(4) 거기가 어디입니까?

사무실 ·· 여기는 사무실입니다.

(5) 저기가 어디입니까?

도서관 ·· 저기는 도서관입니다.

2 발음

사무실입니다 ⇒ [사무시림니다]	백화점 ⇒ [배콰점]
극장 ⇒ [극짱]	집입니다 ⇒ [지빔니다]
박물관 ⇒ [방물관]	

3 어법

❶ "어디"의 용법

모르는 곳을 물을 때 쓰는 의문사이다.

예 화장실이 **어디**입니까?

응접실이 **어디**입니까?

안방이 **어디**입니까?

· **여기**: 화자에게 가까운 곳.

    예 여기가 우리 집입니다.

· **거기**: 청자에게 가까운 곳.

    예 거기가 어디입니까?
         여기는 음식점입니다.

· **저기**: 화자와 청자에게서 떨어져 있는 곳을 가리킨다.

    예 저기가 어디입니까?
         저기는 동대문입니다.

메모하세요

제9과
긍정과 부정의 대화

9.1 "—입니다"와 "아닙니다"

 기본 유형 : 예, …입니다. 아니요, …이/가 아닙니다.

그것이 그림입니까?

　예, 이것이 그림입니다.

　아니요, 이것은 그림이 아닙니다.

이것이 신문입니까?

　예, 그것이 신문입니다.

　아니요, 그것은 신문이 아닙니다.

저것이 잡지입니까?

　예, 저것이 잡지입니다.

　아니요, 저것은 잡지가 아닙니다.

1 연습하기

> **보기** 그것이 칼입니까?
> 예, 이것은 칼입니다.
> 아니요, 이것은 칼이 아닙니다.

(1) 저것이 한복입니까?
예, 저것은 한복입니다.
아니요, 저것은 한복이 아닙니다.

(2) 그 옷이 양복입니까?
예, 이 옷은 양복입니다.
아니요, 이 옷은 양복이 아닙니다.

(3) 저 신발이 운동화입니까?
예, 저 신발은 운동화입니다.
아니요, 저 신발은 운동화가 아닙니다.

한복

(4) 그것이 우산입니까?
예, 이것은 우산입니다.
아니요, 이것은 우산이 아닙니다.

(5) 그것이 한국 돈입니까?
예, 이것은 한국 돈입니다.
아니요, 이것은 한국 돈이 아닙니다.

(6) 이것이 공구입니까?
아니요, 그것은 공구가 아닙니다.

(7) 이것이 젓가락입니까?
아니요, 그것은 젓가락이 아닙니다.

(8) 저것이 숟가락입니까?
아니요, 저것은 숟가락이 아닙니다.

(9) 이 그릇이 밥그릇입니까?

　　　아니요, 그 그릇은 밥그릇이 아닙니다.

(10) 저 상이 밥상입니까?

　　　아니요, 저 상은 밥상이 아닙니다.

2 발음

그림입니까 ⇒ [그리밈니까]	신문입니까 ⇒ [신무님니까]
잡지입니다 ⇒ [잡찌임니다]	젓가락　　⇒ [저까락]
숟가락　　⇒ [수까락]	밥그릇　　⇒ [밥끄른]
밥상　　　⇒ [밥쌍]	칼이　　　⇒ [카리]
옷이　　　⇒ [오시]	

3 어법

❶ "예", "아니요"의 용법

화자의 묻는 말에 대하여 긍정적으로 대답하는 표현의 첫 머리에는 "예"가 쓰이는 것이 보통이다.

· 예: 질문하는 내용에 긍정하고 찬동할 때 쓴다.

　　예 이것이 유기농 채소입니까?

　　　예, 그것은 유기농 채소입니다.

화자의 묻는 말에 대하여 부정적으로 대답하는 표현의 첫머리에는 "아니요"가 쓰이는 것이 보통이다.

· 아니요: 질문 내용을 부정하거나 찬동하지 않을 때 쓴다.

　예　그것이 인삼입니까?

　　　아니요, 이것은 인삼이 아닙니다.　　　　　(이것은 도라지입니다.)

　　　여기가 서울시청역입니까?

　　　아니요, 여기는 서울시청역이 아닙니다.　　(여기는 명동역입니다)

· "아닙니다" 앞에 쓰인 "-이" 또는 "-가"

"아닙니다" 앞에 쓰인 체언(명사, 대명사, 수사)은 "주어(主語)가 아니고, "보어(補語)" 라고 한다. 이런 보어에 붙는 조사 "-이"나 "-가"는 "보어 조사"라 한다. 형태적으로는 주어 조사와 같지만 어법적 기능이 각기 다르다.

❷ "아니요" 부정문(否定文)의 보어(補語)와 보어 조사의 용법

한국어에서의 보어는 주어, 목적어, 서술어 등과 함께 문장의 주요한 요소이다. 보어에는 몇 가지가 있지만 "아닙니다" 앞에 쓰인 명사가 가장 흔히 쓰이는 보어이다. 이런 보어에는 보어 조사 "-이" 또는 "-가"가 덧붙어 보어임을 표시한다. 이런 보어와 보어 조사는 "아니다"가 쓰인 부정문에는 거의 필수적으로 나타난다.

보어 조사는 주어 조사와 같은 형태이지만 그 기능은 서로 다르다.

주어	보어	부정표현
이 꽃이	무궁화가	아닙니다
이 남자가	주인공이	아닙니다.

위에서 보듯이 부정 문장에도 주어가 앞에 나타나고 보어는 "아닙니다" 바로 앞에 쓰인다.

제10과
1인칭 대명사

10.1 | 1인칭 겸양 대명사 "저"

 **기본 유형 : 저**

학생은 외국 학생입니까?

　　예, 저는 외국 학생입니다.

젊은이는 관광객입니까?

　　아니요, 저는 관광객이 아닙니다.

선생이 여권 담당자입니까?

　　예, 제가 여권 담당자입니다.

　　아니요, 저는 여권 담당자가 아닙니다.

아저씨가 주인입니까?

　　아니요, 저는 주인이 아닙니다.

1 연습하기

> **보기** 청년은 서울 사람입니까?
>
> 예, 저는 서울 사람입니다.
>
> 아니요, 저는 서울 사람이 아닙니다.

(1) 대전 사람입니까?

예, 저는 대전 사람입니다.

(2) 중국 사람입니까?

아니요, 저는 중국 사람이 아닙니다.

(3) 베트남 사람입니까?

예, 저는 베트남 사람입니다.

(4) 미국 사람입니까?

아니요, 저는 미국 사람이 아닙니다.

(5) 인도 사람입니까?

예, 저는 인도 사람입니다.

2 어법

❶ 1인칭 겸양 대명사 "저"의 용법

한국어의 1인칭 겸양 대명사 "저"는 윗사람 앞에서 자기를 낮추어 말할 때 쓴다. 선생님, 아저씨, 어머니, 나이 많은 어른 앞에서는 "나"를 쓰지 않고 "저"를 써야 한다.

> **예** 아저씨, 저는 조성민입니다.
>
> 아주머니, 저는 이 동네 사람입니다.
>
> 선생님, 저는 3학년 2반 학생입니다.

이 대명사 "저"가 주어 자리에 놓일 때만 "제" 형태로 변한다.

예 **저**는 선생님의 제자입니다.
제가 선생님의 제자입니다.
제가 이 가게의 주인입니다.

10.2 | 1인칭 대명사 "나"

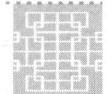

 기본 유형 : 나

태권도

씨름

이 학교의 선생님입니까?
　　예, 나/저는 이 학교의 선생님입니다.

이 여관의 주인입니까?
　　예, 나/저는 이 여관의 주인입니다.

선생이 태권도 사범입니까?
　　예, 내/제가 태권도 사범입니다.

젊은이가 씨름 선수입니까?
　　예, 나/저는 씨름 선수입니다.

학생이 탁구 선수입니까?
　　아니요, 나/저는 탁구 선수가 아닙니다.

1 연습하기

보기 운동 선수입니까?
예, 나/저는 운동 선수입니다.

(1) 축구 선수입니까?
예, 나/저는 축구 선수입니다.

(2) 야구 선수입니까?
아니요, 나/저는 야구 선수가 아닙니다.

(3) 농구 선수입니까?
예, 나/저는 농구 선수입니다.

(4) 수영 선수입니까?
아니요, 나/저는 수영 선수가 아닙니다.

(5) 유도 선수입니까?
아니요, 나/저는 유도 선수가 아닙니다.

2 어법

❶ 1인칭 대명사 "나"의 용법

"나"는 친구나 아랫사람에게 주로 쓰인다. 윗사람 앞에서는 "나"를 쓰지 않는 것이 바람직하다. 특히, 선생님, 아버지, 아저씨, 어머니 등 나이 많은 어른 앞에서는 "저"를 쓰고 "나"를 안 쓰는 것이 보통이다.

그러나 상대방이 아주 높은 분이 아닐 때는 "나"를 쓰는 일이 있다. 위의 과문과 연습이 그런 경우라 할 수 있다. 다만, 그런 경우에는 "나/저"와 같이 표시해서 "나"와 "저"를 선택적으로 쓸 수 있도록 하면 좋을 것이다.

❷ "내"의 용법.

"나"가 주어 자리에 놓일 때는 "내"라는 형태로 쓰인다.

 내가 이 집의 주인입니다. (주어 자리에만 쓰인다)

＊**나**가 이 집의 주인입니다. (주어 자리에서 "나"로 쓰면 안 된다)

내가 그 사람의 선배입니다. (＊ 나가 ...)

내가 저 사람의 누나입니다. (＊ 나가 ...)

10.3 | 1인칭 복수 대명사 "저희, 우리"

 **기본 유형 : 저희, 우리**

모두 이 회사의 직원입니까?

　예, 우리는 모두 이 회사의 직원입니다.

모두 친구들입니까?

　예, 우리들은 모두 친구들입니다.

모두 이 선생님의 제제들입니까?

　예, 저희는 모두 이 선생님의 제자입니다.

☐1 연습하기

| 보기 | 가수 ‥ 저희/우리는 가수들입니다. |

(1) 연예인들 ‥ 저희는 연예인들입니다.

(2) 기술자들 ‥ 우리는 기술자들입니다.

(3) 신문 기자 ‥ 저희는 신문 기자입니다.
　　(4) 도시 사람 ‥ 우리는 도시 사람입니다.
　　(5) 시골 사람 ‥ 우리는 시골 사람입니다.

2 발음

> 저희　　⇒ [저히]
> 기술자들 ⇒ [기술짜들]

3 어법

❶ 1인칭 복수 대명사 "우리"

"우리"는 "나"의 복수형이며 두루 쓰이는 복수 대명사이다. "저희"와 비슷하게 쓰여도 무방할 때가 많다.

"우리"는 복수 대명사이므로 복수 표시 "-들"을 안 붙여도 된다. 다만, "-들"이 첨가 되면 복수임을 강조하는 효과가 있다.

> 예　우리는 농촌 사람입니다.　　　　　　("저희"라 써도 된다.)
> 　　우리(들)는 이 회사 사원(들)입니다.　("-들"을 생략할 수 있다.)

❷ 1인칭 복수 대명사 "저희"

"저희"는 "저"의 복수형이다. "저희"는 복수형이므로 복수 표시 "-들"을 붙이지 않아도 되며, 그 보어에도 "-들"을 안 붙여도 무방하다.

> 예　저희는 동급생입니다.　　　　　　　("-들"이 생략되었다.)
> 　　저희는 부부입니다.　　　　　　　　("-들"이 안 쓰이는 경우이다.)
> 　　저희는 모두 낚시꾼들/낚시꾼입니다.　("-들"은 임의적이다.)

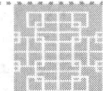

 기본 유형 : 너

너는 이 동네 아이니?

예, 저는 이 동네 아이입니다.

너는 시골 사람이니?

아니요, 저는 시골 사람이 아닙니다.

네가 부산 사람이니?

예, 저는 부산 사람입니다.

네가 중학생이니?

예, 저는 중학생입니다.

네가 인천 사람이니?

아니요, 저는 인천 사람이 아닙니다.

1 연습하기

보기 너는 농촌 사람이니?

예, 저는 농촌 사람입니다.

(1) 너는 강원도 사람이니?

아니요, 저는 강원도 사람이 아닙니다.

(2) 너는 이 상점 종업원이니?

예, 저는 이 상점 종업원입니다.

(3) 네가 테니스 선수니?

　　아니요, 저는 탁구 선수입니다.

(4) 네가 총학생회 회장이니?

　　예, 제가 총학생회 회장입니다.

(5) 네가 반장이니?

　　예, 제가 반장입니다.

2 어법

❶ 2인칭 대명사 "너" 또는 "네"

한국어의 2인칭 대명사 "너"는 자기보다 아랫사람이나 친구를 가리킬 때 쓴다. 선생님이나 형님 또는 부모님 등 윗분에게는 쓸 수 없다.

2인칭 대명사가 주어일 때는 "너" 대신에 "네"가 쓰인다.

　　예　네가 초등학생이니?

　　　　네가 회장이니?

2인칭 대명사는 대개 질문 형식으로 쓰이고 종결 어미는 "니, 냐"가 쓰인다.

　　예　네가 중국 학생이**니**?

　　　　네가 고등학교 학생이**냐**?

이런 낮춤 대명사는 친구나 아랫사람에게 쓰이므로 대답하는 말도 낮춤말을 쓸 수 있다. 친구끼리 말할 때는 다음 예와 같이 쓴다.

　　예　네가 운동 선수니?

　　　　응, 내가 운동 선수이다.

네가 2학년 3반이니?

그래, 내가 2학년 3반이다.

이럴 때는 "예" 대신에 "응" 또는 "그래" 등을 쓴다. 또 어미는 "-이다" 또는 "아니다"를 쓴다. 자세한 용법은 뒤에 풀이할 것이다.

2인칭 대명사는 대화 중에 생략되는 수가 많다. 대화 장면에서는 상대편이 누구를 가리키는지 이해될 수 있기 때문이다.

예 (너는) 광주 사람이니?

(네가) 강원도 사람이냐?

메모하세요

제11과
2인칭, 3인칭 대명사

11.1 2인칭 대명사 "당신"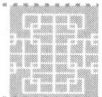

당신이 이 가게 점원입니까?

　　예, 내가 이 가게 점원입니다.

당신이 이 집 주인입니까?

　　아니요, 나는 주인이 아닙니다.

당신이 이 아이 아빠입니까?

　　예, 내가 이 아이 아빠입니다.

1 연습하기

> **보기** 당신이 이 가게 직원입니까?
> 　　　　아니요, 나는 직원이 아닙니다.

(1) 당신이 점원입니까?

　　아니요, 나는 점원이 아닙니다.

(2) 이 아이가 당신의 아들입니까?

　　아니요, 그 아이는 내 아들이 아닙니다.

(3) 당신이 그 여자의 언니입니까?

　　아니요, 나는 그 여자의 언니가 아닙니다.

(4) 당신이 그 여자의 남편입니까?

　　아니요, 나는 그 여자의 남편이 아닙니다.

(5) 당신이 선배입니까?

　　아니요, 나는 당신의 선배가 아닙니다.

② 어법

❶ "당신"의 용법

"당신"은 주로 부부간이나 친구들 사이에 쓴다. 선생님, 부모님, 형님, 사장 등 아주 높은 분에게는 쓰지 않는다. 현대어에서는 "당신"의 쓰임이 매우 제한되어 있다. 따라서 모르는 어른이나 성인(成人)들에게 이 대명사를 쓰지 않는 것이 좋다. 이것을 존대 대명사로 알고 있지만, 사실은 존대 대명사로 쓰이는 일이 매우 드물다.

"당신" 대신에 "어르신", "선생님", "형님", "여러분", "학생", "젊은이", 등을 쓰는 일이 많다. 이들은 본래 대명사가 아니지만 2인칭 높임 대명사의 쓰임이 제한되어 있으므로 대신 쓰는 것이다.

　　예　**선생님**, 이것이 무엇입니까?

　　　　형님, 이분이 친구입니까?

　　　　여러분, 우리는 모두 형제요 자매입니다.

11.2 | 3인칭 대명사 "그"

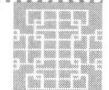

> 그가 대학생이니?
>> 예, 그가 대학생입니다.
>
> 그가 남자 친구이니?
>> 아니요, 그는 남자 친구가 아닙니다.

1 연습하기

> **보기** 그가 일본 사람이니?
>
> 중국 사람 ·· 아니요, 그는 중국 사람입니다.

(1) 그가 태국 사람이니?

베트남 사람 ·· 아니요, 그는 베트남 사람입니다.

(2) 그가 외국 친구입니까?

한국 친구 ·· 아니요, 그는 한국 친구입니다.

(3) 그가 동급생입니까?

하급생 ·· 아니요, 그는 하급생입니다.

(4) 그가 후배입니까

친구 ·· 아니요, 그는 친구입니다.

(5) 그가 축구 선수이니?

야구 선수 ·· 아니요, 그는 야구 선수입니다.

2 어법

❶ 대명사 "그"의 용법

"그"는 사람을 가리키는 대명사로 많이 쓰인다. 그러나 존대 대명사는 아니므로 높은 분에게는 쓰지 않는 것이 좋다. 3인칭 존대 대명사로는 이분, 그분, 저분, 등이 있다.

> 예 그는 학생이다.
>
> 그가 내 후배이다.

11.3 3인칭 존대 대명사 "이분, 그분, 저분"

 기본 유형 : "이분", "그분", "저분"

이분이 우리 회사 사장입니까?
> 예, 그분이 우리 회사 사장입니다.

그분이 형님입니까?
> 예, 그분은 우리 형님입니다.

저분이 국회의원입니까?
> 예, 저분이 국회의원입니다.

저분이 대통령입니까?
> 아니요, 저분은 장관입니다.

1 연습하기

> **보기**　이분이 한국어 선생님입니까?
>
> 　　　　예, 그분은 한국어 선생님입니다.

(1) 이분이 교장 선생님입니까?

　　　예, 그분은 교장 선생님입니다.

(2) 저분이 공무원입니까?

　　　예, 저분은 공무원입니다.

(3) 이분이 이 한식집 주인입니까?

　　　예, 그분은 이 한식집 주인입니다.

(4) 저분이 운전사입니까?

　　　예, 저분이 운전사입니다.

(5) 저분이 서울시 시장입니까?

　　　예, 저분이 서울시 시장입니다.

2 어법

❶ "이분", "그분", "저분"의 용법

　"이분", "그분", "저분"은 윗사람을 가리키는 대명사이다. "그"보다 더 윗사람을 가리키지만 아주 높은 어른에게는 안 쓴다. "이이", "그이", "저이" 등도 거의 동일하게 쓰인다. 이 대명사는 "이것", "그것", "저것" 등과는 달리, 사람에게만 쓸 수 있다.

11.4 의문 대명사 "누구"

기본 유형 : 누구

이분이 누구입니까?

그분은 제 아저씨입니다.

저 여자가 누구입니까?

저분은 우리 누나입니다.

이것은 누구의 옷입니까?

그것은 우리 아버지의 옷입니다.

누가 판사입니까?

저분이 판사입니다.

1 연습하기

> **보기** 이분은 누구입니까?
>   의사 ·· 그분은 의사입니다.

(1) 저분은 누구입니까?

간호사 ·· 저분은 간호사입니다.

(2) 그분은 누구입니까?

제 친척 ·· 그분은 제 친척입니다.

(3) 이분은 누구의 은사님입니까?

김 박사 ·· 그분은 김 박사의 은사님입니다.

(4) 그분은 누구의 남편입니까?

　　내 친구 ‥ 이분은 내 친구의 남편입니다.

(5) 누가 그 여자의 언니입니까?

　　내 아내 ‥ 내 아내가 그 여자의 언니입니다.

2 발음

> 의사　　⇒ [의사]　　　　　　　　누구의 ⇒ [누구에]
>
> 아버지의 ⇒ [아버지에]

3 어법

❶ "누구"의 용법

"누구"는 모르는 사람을 물을 때 쓴다. 소유 관계를 나타낼 때는 "누구의"와 같이 "－의"를 첨가한다. 또한, 주어를 가리킬 때는 "누가"의 형태를 쓴다.

> 예　저분이 **누구**입니까?
> 　　그분이 **누구의** 애인입니까?
> 　　**누가** 주인입니까?

❷ 인칭 대명사표

	1인칭		2인칭		3인칭	
	단수	복수	단수	복수	단수	복수
겸양	저	저희				
비존대	나	우리	너	너희	이애, 그애, 저애	이애들
					그	그들
보통 존대			당신	당신들	이이, 그이, 저이	이이들
					이분, 그분, 저분	그분들
존대					어르신	어르신들

제12과
소유 대명사

1인칭 겸양 소유 대명사 "제"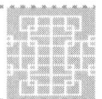

 기본 유형 : 제

친구가 외국 사람입니까?

    제 친구는 영국 사람입니다.

누나가 무슨 과목 선생님입니까?

    제 누나는 수학 선생님입니다.

그분이 누구입니까?

    그분은 제 아주머니입니다.

1 연습하기

> **보기** 이 사람이 딸입니까?
>
>   예, 그 사람이 제 딸입니다.

(1) 이분이 형님입니까?

    예, 그분이 제 형님입니다.

(2) 그 여자분이 누님입니까?

    예, 그 여자분이 제 누님입니다.

(3) 그분이 남자 친구입니까?

    예, 그분이 제 남자 친구입니다.

(4) 저것이 누구의 그림입니까?

    저것은 제 그림입니다.

(5) 이것이 누구의 장갑입니까?

    그것은 제 장갑입니다.

2 어법

❶ 겸양 소유 대명사 "제"의 용법

"제"는 윗분에게 자기의 소속 인물이나 소유 물건을 가리켜 말하는 소유 대명사이다. "제"는 "저의"의 축약형이다. 일상 회화에서는 "저의"도 쓰이지만 "제"가 더 자주 쓰인다. 한편, "제가 ..."처럼 주어로 쓰이는 "제"와 다르다. 주어로 쓰일 경우의 "**제**가"는 "**내**가"를 겸양으로 낮추어 말하는 것이다.

> 예 선생님, 이 사람은 **제** 여동생입니다.
>
>   형님, 그것은 **제** 가방입니다.
>
>   이것은 **저의** 모자입니다.

#**내**가 그 일을 책임지고 해결하겠습니다.

#**제**가 그 일을 책임지고 해결하겠습니다.

12.2 │ 1인칭 소유 대명사 "내"

 기본 유형 : 내

이것은 누구의 모자입니까?
> 예, 그것은 내 모자입니다.

저것이 선생의 안경입니까?
> 예, 저것은 내 안경입니다.

이것이 누구의 우산입니까?
> 예, 그것은 내 우산입니다.

1 연습하기

> **보기** 선생님, 여기가 연구실입니까?
> 응, 여기가 내 연구실이다.

(1) 선생님, 이것이 서재입니까?
> 그래, 그것이 내 서재이다.

(2) 이것이 선생님의 신발입니까?
> 응, 그것이 내 신발이다.

(3) 저분들이 선생님의 제자입니까?
> 그래, 저 사람들이 내 제자이다.

(4) 선생님의 성함이 무엇입니까?

　　　내 이름은 장미호이다.

(5) 아저씨의 직장은 전자 회사입니까?

　　　그래, 내 직장은 전자 회사이다.

2 어법

❶ 1인칭 소유 대명사 "내"의 용법

"내"는 주로 친구나 아랫사람에게 자기의 가족이나 물건을 가리켜 말할 때 쓴다. "내"는 "나의"의 줄임 꼴이다. 두 가지 형태가 다 쓰이나 일상 회화에서는 "내"가 많이 쓰인다.

윗분 앞에서는 "제"를 쓰고 "내"는 안 쓰는 것이 좋다.

> 예　**내** 친구는 외국 학생이다.
> **내** 동생은 태권도 선수이다.
> 그것은 **나의** 바지이다.

한편, 아랫사람에게 응답할 때는 "예"를 쓰지 않고 "응"이나 "그래" 따위를 쓴다. 부정 대답에는 "아니"가 쓰인다.

12.3 2인칭 소유 대명사 "네"

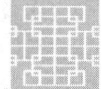

 **기본 유형 : 네**

이것이 네 차이니?
　　응, 그것은 내 차이다.

이것이 네 자전거이니?
　　응, 그것은 내 자전거이다.

저것이 네 외투이니?
　　그래, 저것이 내 외투이다.

---

1 연습하기

> **보기**　진우야, 여기가 네 방이니?
> 　　　　응, 여기가 내 방이다.

(1) 진우야, 이것이 네 휴대전화이니?
　　응, 그것은 내 휴대전화이다.

(2) 미진아, 이것이 네 연필이니?
　　응, 그것은 내 연필이다.

(3) 미진아, 그것이 네 수첩이니?
　　응, 이것은 내 수첩이다.

(4) 유민아, 이것이 네 지갑이니?
　　응, 그것은 내 지갑이다.

(5) 유민아, 네 고향은 어디지?
　　응, 내 고향은 청주이다.

2 어법

❶ 2인칭 소유 대명사 "네" 또는 "너의" 용법

주로 친구나 아랫사람에게 사물을 가리켜 물을 때 쓴다. "네"는 "너의"의 줄임 꼴이다. 이것은 주로 의문문의 형식으로 쓰인다.

> 예) **네** 친구는 외국 학생이니?
> **네** 동생이 태권도 선수이니?
> 그것이 **너의** 가방이니?

❷ 호칭 조사(呼稱 助詞)의 용법: "−아"와 "−야"

호칭 조사는 어떤 사람을 부를 때 쓰는 조사이다. 학교문법에서는 호격조사(呼格助辭)라고도 한다. 친구나 아랫사람을 부를 때는 그 사람의 이름에 호칭 조사 "−아" 또는 "−야"를 붙여 쓴다.

· "−아": 이름의 끝 글자가 자음으로 끝날 때 쓴다.

> 예) 유안아, 네 집이 어디니? (자음으로 끝난 이름의 경우)
> 미진아, 너는 몇 살이니?

· "−야": 이름의 끝 글자가 모음으로 끝날 때 쓴다.

> 예) 민우야, 네 주소가 어디니? (모음으로 끝난 이름의 경우)
> 희수야, 네가 요즘 열심히 공부한다며?

모르는 사람이나 윗분의 이름을 부를 때는, 그 사람의 이름 다음에 "씨" 또는 "선생님"을 함께 사용한다.

> 예) 박세윤 씨, 김진우 씨 / 이문호 선생님, 김화진 선생님

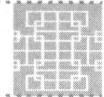

12.4 소유 조사 "-의"

기본 유형 : -의

그가 아저씨의 동생입니까?
　그래, 그가 내 동생이다.

그분은 누구의 부인입니까?
　그분은 김 사장의 부인이다.

그 여자가 이 회사의 직원입니까?
　그 여자는 이 회사의 직원이 아니다.

독도는 한국의 땅입니까?
　그래, 독도는 한국의 땅이다.

1 연습하기

> **보기**　저 여자가 김 선생의 여동생입니까?
> 　　　　누나 ‥ 저 여자는 김 선생의 누나입니다.

(1) 그가 이 집의 아들입니까?
　아들　‥ 그는 이 집의 아들입니다.

(2) 그 여자가 누구의 누님입니까?
　내 친구 ‥ 그 여자는 내 친구의 누님입니다.

(3) 누가 이 회사의 사장입니까?
　저분　‥ 저분이 이 회사의 사장입니다.

(4) 이 섬의 이름은 무엇입니까?
　강화도 ‥ 이 섬의 이름은 강화도입니다.

(5) 그 아이의 이름은 무엇입니까?

이진아 ·· 그 아이의 이름은 이진아입니다.

2 어법

❶ 소유 조사 "-의"의 용법

"-의"는 사람이나 물건의 소유 관계를 표시하는 조사이다. 1인칭 소유 대명사는 "제"나 "내"가 많이 쓰이고, 2인칭 소유 대명사로는 "네"가 주로 쓰인다. 그밖에는 '명사 + 의'로 구성되어 널리 쓰인다.

> 예) 저 여자는 이 **집의** 주부입니다.
> 그 남자는 이 **차의** 운전사입니다.

❷ 소유 대명사 표

	1인칭		2인칭		3인칭	
	단수	복수	단수	복수	단수	복수
겸양	제/저의	저희의				
비존대	내	우리의	네/너의	너희의	그애의	그애들의
					그의	그들의
보통 존대			당신의	당신들의	그이의	이이들의
					그분의	그분들의
존대					어르신의	어르신들의

제13과
한자 숫자

13.1 한자 숫자

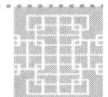

일, 이, 삼, 사, 오, 육, 칠, 팔, 구, 십

십일, 십이, 십삼, 십사, 십오, 십육, 십칠, 십팔, 십구, 이십

이십일, 이십이, 이십삼, 이십사, 이십오, 이십육, 이십칠, 이십팔, 이십구, 삼십

사십, 오십, 육십, 칠십, 팔십, 구십, 백

천, 만, 십만, 백만, 천만, 억, 조, 경

1 연습하기

한국어 읽기	한자 숫자	아라비아 숫자	한국어 수사
일	一	1	하나
이	二	2	둘
십	十	10	열
이십오	二十五	25	스물다섯

(1) 한자 (차용) 숫자는 한국어와 아라비아 숫자로 표시하여 읽는다.

(2) 다음 표에 따라 숫자 읽기 연습을 한다.

한국어 읽기	한자 숫자	아라비아 숫자	한국어 읽기	한자 숫자	아라비아 숫자	한국어 읽기	한자 숫자	아라비아 숫자
일	一	1	십일	十一	11	이십일	二十一	21
이	二	2	십이	十二	12	이십이	二十二	22
삼	三	3	십삼	十三	13	이십삼	二十三	23
사	四	4	십사	十四	14	이십사	二十四	24
오	五	5	십오	十五	15	이십오	二十五	25
육	六	6	십육	十六	16	이십육	二十六	26
칠	七	7	십칠	十七	17	이십칠	二十七	27
팔	八	8	십팔	十八	18	이십팔	二十八	28
구	九	9	십구	十九	19	이십구	二十九	29
십	十	10	이십	二十	20	삼십	三十	30

(3) 다음 표처럼 큰 숫자를 표로 만들어 읽기 연습한다.

한국어 읽기	한자 숫자	아라비아 숫자	한국어 읽기	한자 숫자	아라비아 숫자
십	十	10	천	千	1,000
이십	二十	20	만	万	10,000
삼십	三十	30	십만	十萬	100,000
사십	四十	40	이십만	二十萬	200,000
오십	五十	50	백만	百萬	1,000,000
육십	六十	60	천만	千萬	10,000,000
칠십	七十	70	억	億	100,000,000
팔십	八十	80	십억	十億	1,000,000,000
구십	九十	90	백억	百億	10,000,000,000
백	百	100	조	兆	1,000,000,000,000

(4) 3가지 숫자를 읽고 써보는 연습을 한다.

2 발음

십일 ⇒ [시빌]　　　십이 ⇒ [시비]　　　십오 ⇒ [시보]

십육 ⇒ [심뉵]　　　십만 ⇒ [심만]　　　십억 ⇒ [시벅]

백만 ⇒ [뱅만]　　　백억 ⇒ [배걱]　　　육십 ⇒ [육씹]

3 어법

❶ 한국에서 쓰는 3가지 숫자와 읽기와 용법

· 고유어 셈하기: 하나, 둘, 셋, 넷, 다섯, … 아흔아홉

고유어 숫자는 100 가지 정도밖에 안 되므로 셈할 수 있는 범위가 한정되어 있다. 또 그 표기가 길어서 현대에는 잘 쓰이지 않는다. 다만, 다음 제14과에서 보듯이 시간, 나이 등 작은 수의 일상적인 셈을 할 때는 이 고유어 숫자가 쓰인다. (고유어 숫자와 용법은 다음 제15장에서 다룬다.)

· 한자에서 차용된 숫자: 一/일, 二/이, 三/삼, 四/사, 五/오 …十/십
　　　　　　　　　　　　百/백, 千/천, 万/만, 億/억, 兆/조, 京/경

한자어 차용 숫자는 무한정 셀 수 있고, 또 읽기가 간단하기 때문에 현대 사회에서 많이 쓰인다. 그러나 한자로 표기한 一, 二, 三 등은 글자의 사용이 불편하므로 현대 생활에서는 많이 쓰이지 않는다.

· 아라비아 숫자

1, 2, 3 등 표기가 간편하기 때문에 널리 쓰인다. 이 숫자는 한국어에서 일, 이, 삼 등으로 읽는다.

13.2 값을 묻고 대답하기 "얼마"

기본 유형 : "얼마입니까?", "…원입니다"

그것은 값이 얼마입니까?

　삼만 원입니다.

이 물건이 얼마입니까?

　20만 원입니다.

이 잡지는 얼마입니까?

　한 권에 8천 원입니다.

이 과일은 얼마입니까?

　한 개에 3천 원입니다.

1 연습하기

보기　이것은 얼마입니까?

　　　3천 원 ·· 그것은 삼천 원입니다.

(1) 이 가구가 얼마입니까?

　　이십만 원 ·· 이 가구는 이십만 원입니다.

(2) 이 칼이 얼마입니까?

　　만 원　　·· 이 칼은 만 원입니다.

(3) 저 부채는 얼마입니까?

　　구천 원 ·· 저 부채는 구천 원입니다.

(4) 이 구두가 얼마입니까?

　　십만 원　·· 이 구두는 십만 원입니다.

(5) 지하철표는 한 장에 얼마입니까?

　　천 원　　·· 지하철표는 한 장에 천 원입니다.

2 발음

> 잡지　　⇒ [잡찌]
>
> 이십만 원 ⇒ [이심마눤]

3 어법

❶ 돈의 액수(額數) 표시

돈의 액수는 〈한자어 숫자 + 원〉 형식으로 말한다.

> 예 십 원, 백 원, 천 원, 만 원, 백만 원, 일억 원…

❷ 가격 질문

물건의 가격이나 액수는 다음과 같이 몇 가지로 물을 수 있다.

> 예 값이 얼마입니까?
>
> 모두 얼마입니까?
>
> 하나에 얼마입니까?
>
> 열 개에 얼마입니까?

13.3 날짜 묻고 대답하기 "며칠"

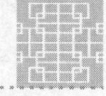

 기본 유형 : "며칠입니까?", "…일입니다"

오늘이 며칠입니까?

    오늘은 5월 1일입니다.

내일은 며칠입니까?

    내일은 2014년 5월 2일입니다.

모레가 오월 삼일입니까?

    예, 모레는 2014년 5월 3일입니다.

글피는 며칠입니까?

    글피는 2014년 5월 4일입니다.

1 연습하기

> **보기** 오늘이 며칠입니까?
>
>   4월 15일 ·· 오늘은 사월 십오일입니다.

(1) 결혼식 날이 며칠입니까?

    6월 5일 ·· 결혼식 날은 유월 오일입니다.

(2) 모임이 며칠입니까?

    6월 10일 ·· 유월 십일입니다.

(3) 아버지 회갑이 며칠입니까?

    10월 25일 ·· 아버지 회갑은 시월 이십오일입니다.

(4) 아이 입학식이 며칠입니까?

    3월 3일 ·· 아이 입학식은 삼월 삼일입니다.

(5) 개학일이 며칠입니까?
3월 2일 ·· 개학일은 삼월 이일입니다.

2 발음

6월 ⇒ [유월]	10월 ⇒ [시월]	10일 ⇒ [시빌]
1일 ⇒ [이릴]	며칠입니까 ⇒ [며치림니까]	15일 ⇒ [시보일]

3 어법

날짜를 말할 때는 〈2014년 2월 19일〉과 같이 'O년 + O월 + O일'의 형식으로 말할
수 있다. 그러나 가까운 날짜는 약식으로 말할 수도 있다. 가령, 같은 달 내의 날짜는
이달 O일이라고 말하고, 같은 연도 내의 날짜는 O월 O일과 같이 간단히 말한다.

메모하세요

고유어 숫자

14.1 고유어 숫자 읽기와 쓰기

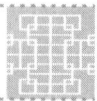

 기본 유형 : 하나, 둘, 셋…

하나, 둘, 셋, 넷, 다섯, 여섯, 일곱, 여덟, 아홉, 열
열하나, 열둘, 열셋, 열넷, 열다섯,
열여섯, 열일곱, 열여덟, 열아홉, 스물
스물, 서른, 마흔, 쉰, 예순, 일흔, 여든, 아흔
스물둘, 서른셋, 마흔넷, 쉰다섯, 예순여섯

1 연습하기

(1) 고유어 숫자를 쓸 때는 대개 한자어 숫자나 아라비아 숫자로 바꾸어 쓴다.

> 하나 ⇒ 一, 1

· 둘 ⇒ 二, 2   · 셋 ⇒ 三, 3   · 넷 ⇒ 四, 4   · 열 ⇒ 十, 10

(2) 다음 예처럼 아라비아 숫자를 고유어 숫자로 바꾸어 읽는다.

11	⇒ 열하나

- 12 ⇒ 열둘
- 23 ⇒ 스물셋
- 34 ⇒ 서른넷
- 49 ⇒ 마흔아홉
- 59 ⇒ 쉰아홉
- 61 ⇒ 예순하나
- 77 ⇒ 일흔일곱
- 88 ⇒ 여든여덟
- 97 ⇒ 아흔일곱
- 99 ⇒ 아흔아홉

(3) 한자나 아라비아 숫자로 표시된 수사는 한국의 고유어 발음으로 읽는다.
- 12명의 학생　　⇒ 십이 명의 학생
- 三十五人의 직원 ⇒ 삼십오 인의 직원

2 발음

셋	⇒ [섿]	넷	⇒ [넫]	다섯	⇒ [다섣]
여섯	⇒ [여섣]	일흔	⇒ [이른]	여덟	⇒ [여덜]
아흔	⇒ [아은]				

3 어법

❶ 고유어 숫자의 용법

　한국어에서 고유어 숫자는 아흔 아홉(99)까지만 셀 수 있고, 그 이상의 백, 천, 만 등은 한자어 숫자로만 셀 수 있다. 또한 고유어 숫자는 대개 시간, 나이 등 비교적 적은 수를 나타내는 데 쓰인다.

14.2 고유어 숫자와 시간 표시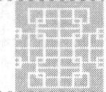

 기본 유형 : 몇 시

지금 몇 시입니까?

　　지금은 오후 한 시입니다.

수업은 몇 시부터 시작합니까?

　　수업은 아홉 시부터 시작합니다.

지금이 아홉 시입니까?

　　아니요, 지금은 여덟 시입니다.

1 연습하기

> **보기**　지금 오후 몇 시입니까?
> 　　　다섯 시 ‥ 지금은 오후 다섯 시입니다.

(1) 지금은 몇 시입니까?
　　열두 시　　‥ 지금은 열두 시입니다.

(2) 지금은 몇 시입니까?
　　오전 열 시　‥ 지금은 오전 열 시입니다.

(3) 지금은 몇 시입니까?
　　오후 두 시　‥ 지금은 오후 두 시입니다.

(4) 지금은 몇 시니?
　　밤 열 시　　‥ 지금은 밤 열 시이다.

(5) 지금은 몇 시이니?
　　새벽 다섯 시 ‥ 지금은 새벽 다섯 시이다.

2 어법

❶ 고유어 용법

일반으로 시간을 나타낼 때는 고유어를 쓴다.

> 예) 지금 몇 시입니까?
> 오후 다섯 시입니다.

분(分)이나 초(秒)를 말할 때는 한자 숫자를 쓴다.

> 예) 지금 시간은 오전 열시 30분입니다.
> 더 정확히 말하면 오전 열시 30분 20초입니다.

· 고유어 숫자의 형태 변화

고유어 숫자 중 하나, 둘, 셋, 넷, 스물 등은 수식어로 쓰일 때는 형태 변화를 보인다.

하나 + 시 → 한 시	넷 + 시 → 네 시
둘 + 시 → 두 시	스물 + 시 → 스무 시
셋 + 시 → 세 시	그밖의 다섯, 여섯, 열 등은 형태 변화 없이 원래 숫자대로 쓰인다.

위 5가지 이외에 다섯, 여섯, 일곱, 여덟, 아홉, 열 등은 형태 변화 없이 쓰인다. 5시, 10시, 12시 따위처럼 숫자로 표시하더라도 읽기는 고유어와 같이 다섯 시, 열 시, 열두 시 등으로 읽는다.

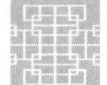

14.3 고유어 숫자와 연령 표시

 **기본 유형 : 몇 살**

그 아이가 지금 몇 살입니까?

    이 아이는 열두 살입니다.

저분의 나이가 몇입니까?

    저분은 올해 스무 살입니다.

저분은 올해 서른 살입니까?

    아니요, 저분은 올해 서른 두 살입니다.

1 연습하기

> **보기**   이 소년은 몇 살입니까?
>
>   열다섯 살 ‥ 그 소년은 열다섯 살입니다.

(1) 젊은이는 몇 살입니까?

    스무 살 ‥ 저는 스무 살입니다.

(2) 저 어린이의 나이는 몇 살입니까?

    일곱 살 ‥ 저 어린이의 나이는 일곱 살입니다.

(3) 저분은 몇 살입니까?

    마흔 살 ‥ 저분은 마흔 살입니다.

(4) 올해 연세가 몇입니까?

    쉰 살 ‥ 올해 쉰 살입니다.

(5) 저 노인은 올해 몇 살입니까?

    일흔 살 ‥ 저 노인은 올해 일흔 살입니다.

2 발음

몇 살   ⇒ [멷 쌀]   몇입니까 ⇒ [며침니까]

일흔 살 ⇒ [이른 살]

3 어법

❶ 나이(年歲) 말하기

나이는 한자어로 말하는 경우도 있으나 고유어로 쓰는 것이 보통이다.

> 예 서른 살 또는 30세   (삼십 세)
>
> 예순 다섯 살 또는 65세 (육십오 세)

나이가 많은 어른이나 윗사람에게는 "나이"라는 말 대신에 "연세"라는 말을 써서 묻는다.

> 예 올해 연세가 어떻게 되십니까?
>
> 저 할머니는 연세가 몇입니까?
>
> 할아버지는 연세가 많으십니다.

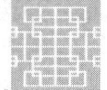

14.4 요일 묻고 대답하기 "무슨 요일"

 **기본 유형 : "무슨 요일입니까?", "…요일입니다."**

오늘이 무슨 요일입니까?
　　오늘은 일요일입니다.

내일은 화요일입니까?
　　아니요, 내일은 수요일입니다.

무슨 요일부터 휴가입니까?
　　금요일부터 월요일까지 휴가입니다.

1 연습하기

> **보기**　오늘은 무슨 요일입니까?
> 　　　　목요일 ·· 오늘은 목요일입니다.

(1) 내일 무슨 요일입니까?
　　월요일 ·· 내일은 월요일입니다.

(2) 모레는 무슨 요일입니까?
　　화요일 ·· 모레는 화요일입니다.

(3) 글피는 무슨 요일입니까?
　　수요일 ·· 글피는 수요일입니다.

(4) 그 다음 날은 무슨 요일입니까?
　　목요일 ·· 그 다음 날은 목요일입니다.

(5) 올해 5월 5일은 무슨 요일입니까?
　　월요일 ·· 올해 5월 5일은 월요일입니다.

2 발음

일요일 ⇒ [이료일] ("일료일"은 잘못이다)

월요일 ⇒ [워료일] ("월료일"은 잘못이다)

금요일 ⇒ [그묘일] ("금료일"은 잘못이다)

3 어법

❶ 한국어의 요일과 순서

· 월요일, 화요일, 수요일, 목요일, 금요일, 토요일, 일요일

금요일부터 주말 휴가가 시작되며, 토요일은 온전한 휴일로 여기는 경우가 많다. 교회 신자들은 일요일을 "주일"이라 부르기도 한다.

❷ 수량 단위 명사

단위 명사는 그 앞의 수사(數詞)와 어울려 수량을 나타내는 구실을 한다. 이 명사는 그 앞의 수사 또는 수량 표시어 뒤에 쓰인다. 대개 이 명사들은 수량을 나타내는 도량형 (度量衡)의 단위 체계를 이루는 특징이 있다. 수량을 나타내는 방식은 일반으로 다음과 같다.

· 수량을 말하기

예 개 열두 마리
일꾼 세 사람이 기다리고 있다.
세 사람의 일꾼이 기다리고 있다.

구분	기본 단위	예시
길이	자 (30.3 cm), 리 (0.4 km)	한 자, 두 치, 이십 리, 600 그램
넓이	평 (3.3㎡)	5평의 밭, 200평의 땅
부피	가마니, 말, 되, 홉, 잔, 병, 접	벼 한 섬은 10말이다.
무게	근, 관, 그램, 킬로그램	고기 한 근, 생선 10키로
액수	원	15,000원
시간	시, 분, 초, 월, 연, 세기	두 시, 3개월, 3년
사물	개, 다발, 자(字), 번(차, 회)	과자 10개, 2번의 시험
수량	그루, 포기, 자루, 켤레, 채, 대, 척, 장, 권, 편, 쌈, 두름, 톳, 쾌	나무 10그루, 배추 3포기, 연필 3자루
사람	사람, 쌍, 분, 명, 인	학생 열 사람, 500명
동물	마리, 필, 쌍, 두(頭)	돼지, 소, 2마리, 경주마 2필

메모하세요

제15과
존재 표시어 "있다/없다"

15.1 │ 존재 표시어 긍정형 "있다"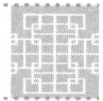

 **기본 유형 : 있다**

학생들이 교실에 있습니까?

　　예, 학생들은 교실에 있습니다.

선수들은 경기장에 있습니까?

　　예, 선수들은 경기장에 있습니다.

관중들은 모두 어디 있습니까?

　　관중들은 모두 관람석에 있습니다.

1 연습하기

> **보기** 사람들이 마당에 있습니까?
>
> 예, 사람들이 마당에 있습니다.

(1) 이웃사람들이 뜰에 있습니까?

　　　예, 이웃사람들이 뜰에 있습니다.

(2) 식구들이 식당에 있습니까?

　　　예, 식구들이 식당에 있습니다.

(3) 숟가락과 젓가락이 식탁에 있습니까?

　　　예, 숟가락과 젓가락은 식탁에 있습니다.

(4) 강당에 청중들이 있습니까?

　　　예, 강당에 청중들이 있습니다.

(5) 차가 주차장에 있습니까?

　　　예, 차는 주차장에 있습니다.

2 발음

교실에	⇒ [교시레]	식당에	⇒ [식땅에]
뜰에	⇒ [뜨레]	있습니다	⇒ [이씀니다]
숟가락	⇒ [수까락]	젓가락	⇒ [저까락]

3 어법

❶ 존재사 또는 존재 표시어

존재사 "있다"는 물건이나 사람이 어떤 자리에 있음을 나타낼 때 쓰는 서술어다. 문장의 첫 자리에는 대개 주어가 나타나고, 그 뒷자리에는 장소어가 놓이며, 마지막 자리에 존재사가 쓰인다.

〈1〉 <u>아이가</u> <u>마루에</u> 있습니다.
　　주어　장소어　존재사

〈2〉 <u>마루에</u> <u>아이가</u> 있습니다.
　　장소어　주어　존재사

　존재사의 주어는 대개 〈1〉에서처럼 맨 앞에 나타나고, 장소 표시어가 나타난다. 그러나 〈2〉에서처럼 장소어가 앞에 나타나고, 주어가 그 뒤에 놓이는 경우도 있다.

　이런 존재사는 사물이나 사람의 존재를 서술하는 기능을 가진다는 점에서 일종의 서술어다. 이것은 뒤에서 설명하는 형용사의 기능과 비슷하다.
　존재사 "있다"는 기본형이며, 친구나 아랫사람일 때 쓴다. 청자가 윗분일 때는 "있습니다" 형태로 쓰인다. 이것은 청자 존대형으로 말을 듣는 청자를 높이는 유형이다. 초급 한국어에서는 이 존대형을 먼저 익힌다.

　　예　선생님, 저는 지금 시내에 있습니다. (윗분에게 말하는 경우)
　　　　선생님, 우리는 지금 교실에 있습니다.

〈서울특별시 중심가〉

15.2 존재 표시어의 부정형 "없다"

 기본 유형 : 없다

식구들이 방에 없습니까?
　　예, 식구들이 방에 없습니다.

우물에 물이 없습니까?
　　예, 우물에 물이 없습니다.

꽃밭에 꽃이 없습니까?
　　아니요, 꽃밭에는 꽃이 있습니다.

가게에 이 물건이 없습니까?
　　아니요, 그 물건은 가게에 있습니다.

1 연습하기

> **보기**　이 산에 큰 바위가 있습니까?
> 　　　　아니요, 이 산에는 큰 바위가 없습니다.

(1) 차도에 사람들이 있습니까?
　　아니요, 차도에는 사람들이 없습니다.

(2) 이 식당에 두부요리가 있습니까?
　　아니요, 이 식당에 두부요리가 없습니다.

(3) 논에 물이 있습니까?
　　아니요, 논에 물이 없습니다.

(4) 이 개천에 물고기가 있습니까?
　　아니요, 개천에는 물고기가 없습니다.

(5) 그 공장에 숙련된 기술자들이 있습니까?

　　　아니요, 그 공장에 숙련된 기술자들이 없습니다.

2 발음

없습니다 ⇒ [업씀니다]	꽃밭에 ⇒ [꼬빠테]
꽃이 ⇒ [꼬치]	물고기 ⇒ [물꼬기]
우물에 ⇒ [우무레]	기술자 ⇒ [기술짜]

3 어법

❶ "없다"와 "있다"의 용법

"없다"는 사물이나 사람이 어떤 장소에 존재하지 않음을 나타낸다. "없다"는 "있다"의 반대어이다.

　　　예　식구들이 부엌에 있습니까?

　　　　　식구들은 부엌에 없습니다.

　　　　　영희는 어디에 있습니까?

　　　　　그 애는 지금 집에 없습니다.

　　　　　그 애가 놀이터에도 없습니까?

　　　　　그 애는 놀이터에도 없습니다.

15.3 존재 표시어의 주어 존대형 "계시다"

 **기본 유형 : 계시다**

아버지가 방에 계십니까?
  예, 아버지가 방에 계십니다.

어머니는 마루에 계십니까?
  예, 어머니는 마루에 계십니다.

할아버지는 어디에 계십니까?
  할아버지는 뜰에 계십니다.

1 연습하기

> **보기** 할머니가 밭에 계십니까?
>   예, 할머니는 밭에 계십니다.
>   아니요, 할머니는 밭에 안 계십니다.

(1) 손님들이 응접실에 계십니까?
    예, 손님들은 응접실에 계십니다.
    아니요, 손님들은 응접실에 안 계십니다.

(2) 사장님은 사무실에 계십니까?
    예, 사장님은 사무실에 계십니다.
    아니요, 사장님은 사무실에 안 계십니다.

(3) 회장님은 밖에 계십니까?
    예, 회장님은 밖에 계십니다.
    아니요, 회장님은 밖에 안 계십니다.

(4) 어머니는 부엌에 계십니까?

　　　예, 어머니는 부엌에 계십니다.

　　　아니요, 어머니는 부엌에 안 계십니다.

(5) 아버지는 사랑방에 계십니까?

　　　예, 아버지는 사랑방에 계십니다.

　　　아니요, 아버지는 사랑방에 안 계십니다.

2 발음

계십니다 ⇒ [게심니다]	밭에 ⇒ [바테]
뜰에 ⇒ [뜨레]	부엌에 ⇒ [부어케]
밖에 ⇒ [바께]	

3 어법

❶ 존재사의 주어 존대형 용법

　존재사 "계시다"는 있다"의 주어 존대형이다. 주어 자리에 있는 윗분을 존대하는 말씨이다. 아랫사람에게는 이 주어 존대형을 쓰지 않는다.

　"안 계시다"는 "계시다"의 부정형의 표현이며, 윗분이 없음을 나타낼 때 쓴다. 친구나 아이들에게는 그것을 쓰지 않고 "없다"를 쓴다.

> 예 교수님은 연구실에 안 계십니다.　　(주어가 화자보다 "윗분")
>
> 　　조교는 연구실에 없습니다.　　　　(주어가 화자보다 "아랫사람")

15.4 존재 표시어 "있다", "계시다"

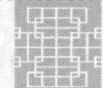

 **기본 유형 : 있다, 계시다**

차가 어디에 있습니까?

차는 차고에 있습니다.

운전사는 어디에 있습니까?

운전사는 차에 있습니다.

사장님은 어디에 계십니까?

사장님은 사장실에 계십니다.

회장님은 어디에 계십니까?

회장님은 지방에 계십니다.

1 연습하기

> **보기** 노인들은 어디에 계십니까?
>
> 농장 ‥ 노인들은 농장에 계십니다.

(1) 사람들이 어디에 있습니까?

백화점 ‥ 사람들은 백화점에 있습니다.

(2) 아이들이 어디에 있습니까?

놀이터 ‥ 아이들은 놀이터에 있습니다.

(3) 젊은이들이 공원에 있습니까?

예, 젊은이들은 공원에 있습니다.

(4) 간부들은 아직도 회사에 계십니까?

예, 간부들은 아직도 회사에 계십니다.

(5) 선생님은 어디에 계십니까?

　　선생님은 교무실에 계십니다.

2 어법

❶ 존재사의 어간과 어미의 용법

존재사는 뜻을 나타내는 어간과 문법적 관계를 나타내는 어미로 구성된다. "**있**다, **있**습니다", "**없**다, **없**습니다" 또는 "**계시**다, **계십**니다"에서 밑줄 친 부분이 어간이다. 이들은 뜻을 나타내는 의미 요소다.

어미는 어간을 제외한 부분이다. 어미는 아래에서 밑줄 친 굵은 글씨로 표시한 것이다.

　　　　있+**다**, 있+**습니다**, 없+**습니다**, 계시+ㅂ**니다**.

기본형 어미 "−다"는 모든 존재사에 첨가된다. 이 기본형 어미 "−다"는 청자의 높낮이와 문장의 종류에 따라 "−ㅂ니다", "−ㅂ니까" 따위로 변화한다.

어간	어미
있− / 없−	−다 (기본 어미) −습니다 (청자 존대형) −습니까? (청자 존대 의문형)
계시−	−다 (기본어미) −ㅂ니다 (주어, 청자 존대 서술형) −ㅂ니까? (주어, 청자 존대 의문형)

메모하세요

제16과
존재사의 소유 관계 표시

16.1 ## 존재사의 소유 표시 "있다"

 **기본 유형 : −이/가 있다, 없다**

아저씨는 휴대 전화가 있습니까?

나는 휴대전화가 없습니다.

아주머니는 고무신이 있습니까?

나는 고무신이 없습니다.

---

1 연습하기

> **보기** 학생은 외국 돈이 있습니까?
>
> 예, 저는 외국 돈이 조금 있습니다.

(1) 선생은 자전거가 있습니까?

예, 나는 자전거가 있습니다.

(2) 젊은이는 한복이 있습니까?

　　아니요, 저는 한복이 없습니다.

(3) 아저씨는 사무실이 있습니까?

　　예, 나는 사무실이 있습니다.

(4) 저 여자가 남편이 있습니까?

　　저 여자는 남편이 없습니다.

(5) 과장님은 아이들이 있습니까?

　　나는 아이들이 없습니다.

② 어법

❶ 존재사의 소유 표시 "있다"의 용법

"있다"는 본래 어떤 장소에 물건이나 사람이 존재함을 나타낸다. 그러나 그것이 경우에 따라서는 소유 관계를 표시하기도 한다. 대개 주어가 사람이고, 동시에 사물을 보어로 취하는 존재사 "있다"가 쓰일 경우에는, 그 존재사 "있다"는 사람인 주어가 보어로 쓰인 사물을 소유하는 의미 기능을 나타낸다.

예　**나는** 한복이 있다.　　　　(한복을 가지고 있다.)

　　나는 한국 역사책이 있다.　(한국 역사책을 가지고 있다)

　　그 아이는 장난감이 있다.　(장난감을 가지고 있다)

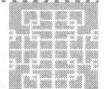

 **기본 유형 : -이/가 없다**

선생은 두루마기가 없습니까?

　　예, 나는 두루마기가 없습니다.

아저씨는 마고자가 없습니까?

　　예, 나는 마고자가 없습니다.

아주머니 댁에는 개가 없습니까?

　　예, 우리집에는 개가 없습니다.

1 연습하기

> **보기**　학생은 운동화가 있습니까?
> 　　　　아니요, 저는 운동화가 없습니다.

(1) 젊은이는 운동복이 있습니까?

　　아니요, 저는 운동복이 없습니다.

(2) 그분은 겨울 모자가 있습니까?

　　그분은 겨울 모자가 없습니다.

(3) 그분은 자기 집이 있습니까?

　　그분은 자기 집이 없습니다.

(4) 아주머니는 컴퓨터가 있습니까?

　　나는 컴퓨터가 없습니다.

(5) 그분은 다이아몬드 반지가 있습니까?

　　　그분은 다이아몬드 반지가 없습니다.

2 어법

❶ 존재사 "없다"의 안 가짐 표시

"없다"는 본래 어떤 장소에 물건이나 사람이 존재하지 않음을 나타낸다. 그러나 그것이 경우에 따라서는 소유 관계를 표시하기도 한다. 소유 관계를 나타낼 때는 대개 주어가 사람일 때이다.

대개 주어가 사람이고, 동시에 사물을 보어로 취하는 존재사 "없다"가 쓰일 경우에는, 그 존재사 "없다"는 주어(사람)가 보어(사물)를 안 가지고 있음을 나타낸다.

예｜ **나는** 모자가 없다.　　　　　　(모자를 안 가지고 있다)

나는 한국어 문법책이 없다.　　(한국어 문법책을 안 가지고 있다)

그 아이는 가방이 없다.　　　　(가방을 안 가지고 있다)

나는 필통이 없다.　　　　　　(필통을 안 가지고 있다)

16.3 | 존재사의 소속 관계 표시 "있다/없다"

기본 유형 : -이/가 있다, 없다

명절의 가족나들이

선생님은 가족이 있습니까?
　저는 아내와 딸이 있습니다.

아저씨는 누님과 동생이 없습니까?
　저는 누님은 있고 동생은 없습니다.

아들과 딸이 있습니까?
　저는 딸이 하나 있고 아들은 없습니다.

1 연습하기

> **보기**　아저씨는 아들이 있습니까?
> 　　　　저는 아들이 없습니다.

(1) 아주머니는 동생이 있습니까?
　　저는 동생이 없습니다.

(2) 선배님은 친척이 있습니까?
　　나는 친척이 없습니다.

(3) 학생은 외국 친구가 있습니까?
　　저는 외국 친구가 없습니다.

(4) 교수님은 제자가 있습니까?
　　저는 제자가 있습니다.

(5) 저분은 부인이 있습니까?
　　예, 저분은 부인이 있습니다.

2 어법

❶ "있다", "없다"의 소속 관계 표시

존재사 "있다", "없다"는 주어와 관계되는 가족이나 친척 그리고 가까운 친구가 있고 없음을 나타낸다. 이것도 일종의 소유 관계이지만, 사람의 경우는 물건과는 달리 소유 관계라 말하지 않고 "소속 관계"라 하였다. 가족이나 친척, 가까운 친구 사이의 구성원들 간에는 누가 누구를 소유하는 것이라고 인식하지 않고, 서로 소속 관계를 맺고 있다고 보는 것이다.

대개 주어가 사람이고, 동시에 함께 소속 관계가 있는 사람을 보어로 취하는 존재사가 쓰일 때는, 그 존재사가 "소유 관계"를 나타내는 것이 아니다. 이 경우에는 존재사가 주어와 보어 사이에 함께 "소속 관계"가 유지되고 있는지 없는지를 나타낸다고 본다.

 **기본 유형 : −이/가 계시다, 안 계시다**

민우 씨는 할아버지가 계십니까?

　예, 저는 할아버지가 계십니다.

영호 씨는 할머니가 계십니까?

　아니요, 저는 할머니가 안 계십니다.

선미 씨는 부모님이 다 계십니까?

　아니요, 저는 부모님이 안 계십니다.

명준 씨는 어머님이 안 계십니까?

　예, 저는 어머님이 안 계십니다.

---

1 연습하기

> **보기** 　영희 씨는 할머니가 계십니까?
> 　　　　아니요, 저는 할머니가 안 계십니다.

(1) 선생님은 부모님이 계십니까?

　아니요, 저는 부모님이 안 계십니다.

(2) 선배님은 지도 교수님이 계십니까?

　아니요, 저는 지도 교수님이 안 계십니다.

(3) 김 박사님은 은사님이 계십니까?

　예, 저는 은사님이 계십니다.

(4) 이 교수님은 형님이 계십니까?

　저는 형님이 안 계십니다.

(5) 박 과장님은 누님이 계십니까?

　　아니요, 저는 누님이 안 계십니다.

2 어법

❶ "계시다"의 소속 관계 표시

"계시다"는 본래 존대해야 할 주어가 어떤 자리에 있음을 나타내는 말이다. 그러나 주어가 아랫사람일 경우에는 윗분을 모시고 있음을 나타낸다. 청자나 주어가 자기와 관계되는 윗분을 모시거나, 안 모시고 있음을 나타낼 경우에 "계시다" 혹은 "안 계시다"를 쓴다.

제17과
형용사

17.1 성질과 상태 표시 형용사

 기본 유형 : 좋다, 나쁘다 등

바깥 날씨가 좋습니까?
　　날씨가 안 좋습니다.

그 여자의 얼굴이 예쁩니까?
　　예, 얼굴이 예쁩니다.

이 물건이 나쁩니까?
　　아니요, 그 물건은 안 나쁩니다.

그 물건이 비쌉니까?
　　아니요, 그 물건은 쌉니다.

한강 물이 맑습니까?
　　아니요, 한강 물은 조금 흐립니다.

1 연습하기

> **보기** 이 물건이 안 좋습니까?
>   아니요, 그 물건은 좋습니다.

(1) 이 아이가 키가 큽니까?

  예, 그 아이는 키가 큽니다.

(2) 이 여자 아이는 키가 작습니까?

  아니요, 그 여자 아이는 키가 큽니다.

(3) 저 산이 높습니까?

  아니요, 저 산은 낮습니다.

(4) 하늘이 푸릅니까?

  예, 하늘은 푸릅니다.

(5) 저 기차가 빠릅니까?

  아니요, 저 기차는 느립니다.

2 발음

> 좋습니다 ⇒ [조씀니다]   높습니다 ⇒ [놉씀니다]
> 맑습니다 ⇒ [막씀니다]

3 어법

❶ 상태동사 또는 형용사의 용법

형용사는 물건이나 사람의 성질 또는 상태를 나타낸다.

> 예 이 학교 운동장이 넓습니까?
>   저 길은 좁습니까?

내 동생은 어립니다.

저 여자의 머리는 검습니다.

  형용사는 동작을 나타내지 않으므로 명령이나 의도 표시를 못한다. 다만, 형용사도 존재사나 동사처럼 어미변화를 한다.

기본형	어간	어미
좋다	좋−	−습니다
옳다	옳−	−습니까
나쁘다	나쁘−	−ㅂ니다
젊다	젊−	−습니까

17.2 "−하다" 형용사

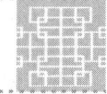

 **기본 유형 : 따뜻하다, 편하다 등**

이 방이 따뜻합니까?

  예, 이 방은 따뜻합니다.

그분이 건강합니까?

  아니요, 그분은 몸이 약합니다.

집 주인은 친절합니까?

  예, 그분은 매우 친절합니다.

1 연습하기

> **보기** 이 정원은 시원합니까?
>   예, 이 정원은 시원합니다.

(1) 저 아이가 똑똑합니까?

   예, 저 아이는 똑똑합니다.

(2) 이 의자가 편합니까?

   예, 이 의자는 편합니다.

(3) 이곳은 교통이 불편합니까?

   예, 이곳은 교통이 불편합니다.

(4) 저 여자가 얌전합니까?

   예, 저 여자는 얌전합니다.

(5) 저분이 부지런합니까?

   예, 저분은 부지런합니다.

2 발음

> 따뜻합니다 ⇒ [따뜨탐니다]   약합니다 ⇒ [야캄니다]
>
> 똑똑합니다 ⇒ [똑또캄니다]

3 어법

❶ "-하다" 꼴 형용사 = 〈상태성 명사 + 하다〉

상태성 명사란 형용사와 마찬가지로 성질이나 상태를 나타내는 명사이다. 이런 명사에 "하다"가 첨가될 때는 "-하다" 꼴의 형용사가 될 수 있다.

상태성 명사	하다	−하다 꼴 형용사
확실	하다	확실하다
불편	하다	불편하다

17.3 형용사의 짧은 부정형

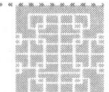

 **기본 유형 : 안 좋다**

댁의 마당이 넓습니까?
　　아니요, 안 넓습니다.

길에 사람들이 많습니까?
　　아니요, 사람들이 안 많습니다.

그 사람은 젊습니까?
　　아니요, 그는 안 젊습니다.

이 연못은 안 깊습니까?
　　예, 이 연못은 안 깊습니다.

1 연습하기

> **보기**　저 큰 산이 위험합니까?
> 　　　　아니요, 저 산은 안 위험합니다.

(1) 이 마루가 좁습니까?
　　아니요, 마루는 안 좁습니다.

(2) 이 김치가 짭니까?

　　아니요, 이 김치는 안 짭니다.

(3) 이 숲은 나무가 많습니까?

　　아니요, 이 숲은 나무가 안 많습니다.

(4) 제 목소리가 잘 들립니까?

　　아니요, 선생님의 목소리가 안 들립니다.

(5) 그들이 안 가난합니까?

　　아니요, 그들은 가난합니다.

2 발음

짭니다	⇒ [짬니다]	숲은	⇒ [수픈]
많습니다	⇒ [만씀니다]	넓습니다	⇒ [넙씀니다/널씀니다]

3 어법

❶ 형용사의 짧은 부정형

형용사의 짧은 부정형은 형용사 앞에 "안"이라는 부사를 써서 만드는 것이다.

　　<예> 안 좋다, 안 크다, 안 밉다, 안 예쁘다, 안 슬프다, 안 춥다.

그러나 다음과 같이 좀 긴 형용사들은 "안"과 어울리면 좀 어색하다.

　　<예> 아름답다, 친절하다, 뚱뚱하다, 호리호리하다, 선선하다, 시원하다

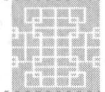

17.4 | 형용사의 긴 부정형

 **기본 유형 : -지 않다 등**

올림픽공원 평화의 문

공원에 사람들이 많습니까?

　아니요, 공원에 사람들이 많지 않습니다.

이 거리가 언제나 복잡합니까?

　아니요, 이 거리는 복잡하지 않습니다.

영미는 영리합니까?

　아니요, 영미는 영리하지 않습니다.

1 연습하기

> **보기** 저 아이의 성질이 나쁘지 않습니까?
> 　　　예, 저 아이의 성질은 나쁘지 않습니다.

(1) 저 건물이 너무 높지 않습니까?

　　저 건물은 높지 않습니다.

(2) 돈이 적지 않습니까?

　　돈은 안 적습니다.

(3) 물이 차지 않습니까?

　　물은 안 찹니다.

(4) 이 술은 독하지 않습니까?

　　이 술은 안 독합니다.

(5) 이 강물은 깊지 않습니까?

　　이 강물은 안 깊습니다.

| 넓습니다 | ⇒ [널씁니다] | 넓지 않습니다 | ⇒ [널찌 안씁니다] |
| 많지 않습니다 | ⇒ [만치 안씁니다] | 안 많습니다 | ⇒ [안 만씁니다] |

3 어법

형용사의 긴 부정형은 형용사 어간에 "-지 않다"를 첨가하여 만든다.

> (예) 이것은 좋지 않습니다.
> 이것은 나쁘지 않습니다.
> 남산은 높지 않습니다.
> 그 애는 작지 않습니다.
> 그 여자는 얌전하지 않습니다.

제18과
자동사와 내왕(來往) 동사

18.1 자동사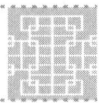

 기본 유형 : 자다, 웃다 …

아이가 아직까지 잡니까?
> 예, 아이가 아직도 잡니다.

아이의 부모들은 일찍 일어납니까?
> 예, 아이의 부모들은 일찍 일어납니다.

아이가 잘 웃습니까?
> 예, 아기가 방긋 방긋 잘 웃습니다.
> 가족들도 따라서 활짝 웃습니다.

1 연습하기

> **보기** 사람들이 모두 마당에 모입니까?
>   예, 사람들이 모두 마당에 모입니다.

(1) 선수들이 운동장에 모입니까?

  예, 선수들이 모두 운동장에 모입니다.

(2) 저 젊은이가 빨리 달립니까?

  예, 저 젊은이가 빨리 달립니다.

(3) 손님들이 아침에 떠납니까?

  예, 손님들이 아침에 떠납니다.

(4) 그들이 저녁 때 돌아옵니까?

  예, 그들이 저녁 때 돌아옵니다.

(5) 저녁에 댁에서 쉽니까?

  예, 저는 저녁에 집에서 쉽니다.

(6) 봄에는 무슨 꽃이 많이 핍니까?

  진달래꽃 ‥ 봄에는 진달래꽃이 많이 핍니다.

(7) 뒷산에는 무슨 나무가 많이 자랍니까?

  밤나무   ‥ 뒷산에는 밤나무가 많이 자랍니다.

(8) 지금 무슨 비가 내립니까?

  소나기   ‥ 지금 소나기가 내립니다.

(9) 언제 눈이 내립니까?

  겨울   ‥ 눈은 겨울에 내립니다.

(10) 언제 나무 잎이 떨어집니까?

  가을   ‥ 가을에 나무 잎이 떨어집니다.

2 발음

웃습니다 ⇒ [우씀니다]	돌아옵니다 ⇒ [도라옴니다]
꽃이 핍니다 ⇒ [꼬치 핌니다]	젖습니다 ⇒ [저씀니다]
진돗개 ⇒ [진도깨]	떨어집니다 ⇒ [떠러짐니다]

3 어법

❶ 자동사의 용법

자동사는 일반으로 목적어 없이 쓰이는 동사이다. 목적어와 함께 쓰이는 타동사와는 다르다.

> 예   물이 흐릅니다.
> 사람들이 인사합니다.
> 개가 짖습니다.
> 나무가 자랍니다.

❷ 동사의 어간과 어미

동사는 존재사 "있다", "없다"와 마찬가지로 어간과 어미로 이루어진다. 어간은 그 단어의 의미를 나타내고 어미는 어법적 관계를 표시한다.

동사	어간	어미
웃다	웃-	-다 (기본형)
웃습니다	웃-	-습니다 (청자 존대형)
핍니다 자라다	피- 자라-	-ㅂ니다 (청자 존대형)

내왕(來往) 동사 "가다"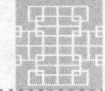

 **기본 유형 : 가다**

사람들이 아침에 어디에 갑니까?

　　그들은 직장에 갑니다.

관광객들은 지금 어디에 갑니까?

　　그이들은 경복궁에 갑니다.

저분이 저녁에 어디에 갑니까?

　　저분은 저녁에 극장에 갑니다.

철수가 토요일에 시골에 갑니까?

　　예, 그는 토요일에 시골에 갑니다.

1 연습하기

> **보기**　외국 사람들이 박물관에 갑니까?
> 　　　　고궁 ·· 아니요, 외국 사람들은 고궁에 갑니다.

(1) 아주머니가 날마다 시장에 갑니까?

　　백화점 　·· 아니요, 아주머니는 날마다 백화점에 갑니다.

(2) 여름에 피서객들이 산에 갑니까?

　　바다 　　·· 아니요, 피서객들은 여름에 바다에 갑니다.

(3) 그 사람은 극장에 갑니까?

　　놀이마당 ·· 아니요, 그 사람은 놀이마당에 갑니다.

(4) 학생들이 축구장에 갑니까?

　　야구장 ·· 아니요, 학생들은 야구장에 갑니다.

(5) 일요일에는 신자들이 교회에 갑니까?

성당 ·· 천주교 신자들은 일요일에 성당에 갑니다.

2 발음

갑니다 ⇒ [감니다]	백화점 ⇒ [배콰점]	축구장 ⇒ [추꾸장]
극장 ⇒ [극짱]	산에 ⇒ [사네]	

3 어법

❶ 내왕(來往) 동사 "가다"의 용법

내왕 동사 "가다"는 행동자가 화자로부터 떠나감을 나타낸다. 이것은 뒤에 다루는 "오다"와 반대 방향이다. 이 내왕 동사는 일종의 자동사이며 사용 빈도가 높다.

이 내왕 동사는 목적지 또는 도착점을 나타내는 말을 수반하는 것이 보통이다. 아래 예에서 밑줄 친 부분이 목적지를 표시한다.

예 우리는 **집에** 갑니다.

그는 **시골에** 갑니다.

어디에 갑니까?

부산에 갑니다.

내왕 동사 "오다"

 기본 유형 : 오다

그는 가끔 여기에 옵니까?

　예, 그는 가끔 여기에 옵니다.

그 사람은 오후에 옵니까?

　예, 그 사람은 오후에 옵니다.

사람들은 언제 집에 옵니까?

　그들은 저녁에 집에 옵니다.

1 연습하기

> **보기**　사람들이 이곳에 많이 옵니까?
>
> 　　　　예, 사람들은 이곳에 많이 옵니다.

(1) 이 음식점에 손님들이 많이 옵니까?

　　예, 이 음식점에는 손님들이 많이 옵니다.

(2) 고향에서 가끔 편지가 옵니까?

　　예, 가끔 편지가 옵니다.

(3) 집에 가끔 손님들이 옵니까?

　　예, 가끔 손님들이 옵니다.

(4) 동창생들이 이 모임에 자주 옵니까?

　　예, 동창생들이 이 모임에 자주 옵니다.

(5) 우리 동네에 집배원이 날마다 옵니까?

　　예, 우리 동네에 집배원이 날마다 옵니다.

2 발음

집에   ⇒ [지베]   저녁에 ⇒ [저녀게]

옵니다 ⇒ [옴니다]   손님이 ⇒ [손니미]

3 어법

❶ 내왕 동사 "오다"의 용법

내왕 동사 "오다"는 화자가 있는 방향으로 움직이는 것을 나타낸다. 이것은 "가다"와는
반대 방향이다.

· 가다: 화자 → 화자의 가까운 곳에서 다른 곳으로 떠나다.
· 오다: 화자 ← 다른 곳에서 화자 쪽으로 가까이 이동하다.

메모하세요

제19과
타동사와 목적어

19.1 타동사
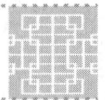

 **기본 유형 : −을/−를 + 동사**

아이가 우유를 마십니까?

　예, 아이가 우유를 마십니다.

진우는 글을 잘 씁니까?

　예, 그는 글을 잘 씁니다.

가수가 무슨 노래를 잘 부릅니까?

　그는 아리랑을 잘 부릅니다.

1 연습하기

> **보기** 학생은 무엇을 잘 먹습니까?
>
> 닭고기 ‥ 저는 닭고기를 잘 먹습니다.

(1) 아침에 무엇을 마십니까?

우유 ‥ 저는 아침에 우유를 마십니다.

(2) 그 여자가 무슨 옷을 자주 입습니까?

치마저고리 ‥ 그 여자는 치마저고리를 자주 입습니다.

(3) 아저씨가 무슨 신을 신습니까?

구두 ‥ 아저씨가 구두를 신습니다.

(4) 할아버지가 무슨 이야기를 하십니까?

옛날이야기 ‥ 할아버지는 옛날이야기를 하십니다.

(5) 그 부인이 손가락에 무엇을 낍니까?

반지 ‥ 그 부인은 손가락에 반지를 낍니다.

2 발음

먹습니다 ⇒ [먹씀니다]	입습니다 ⇒ [입씀니다]
신습니다 ⇒ [신씀니다]	할아버지 ⇒ [하라버지]
손가락 ⇒ [손까락]	

3 어법

❶ 타동사의 용법

타동사는 목적어와 함께 쓰이는 동사이다. 목적어 없이 쓰이는 자동사와는 달리, 타동사는 목적어를 수반한다.

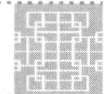

예 기차가 움직입니다.　　　　　(자동사로 쓰임)

기차가 화물을 많이 싣습니다. (화물을 목적어로 취하는 타동사로 쓰임)

19.2 │ 타동사문의 특징

 **기본 유형 : 목적어 + 타동사**

music

저분이 술을 잘 마십니까?

　　예, 저분은 술을 잘 마십니다.

저 외국인이 김치를 잘 먹습니까?

　　아니요, 그는 김치를 잘 안 먹습니다.

누가 무슨 노래를 부릅니까?

　　학생들이 한국 민요를 부릅니다.

1 연습하기

> **보기**　저 작가는 무슨 글을 씁니까?
> 　　　　소설 ‥ 저 작가는 소설을 씁니다.

(1) 저 시인은 무슨 작품을 씁니까?

　　시　　　　‥ 저 시인은 서정시를 잘 씁니다.

(2) 저 외국 학생이 무엇을 읽습니까?

　　한국 신문 ‥ 저 외국 학생은 한국 신문을 읽습니다.

(3) 그 화가는 무슨 그림을 그립니까?

　　풍경화　　‥ 그 화가는 풍경화를 그립니다.

(4) 저 젊은이가 무슨 운동을 합니까?

유도 ·· 저 젊은이는 유도를 합니다.

(5) 저 고등학생이 무슨 글쓰기를 공부합니까?

논술문 ·· 저 고등학생은 논술문 쓰기를 공부합니다.

2 발음

읽습니다 ⇒ [익씁니다]   작가   ⇒ [자까]

글을   ⇒ [그를]   씁니까 ⇒ [씀니까]

3 어법

❶ 타동사문의 짜임새

주어	목적어	타동사
그분이	책을	읽습니다
가수가	노래를	부릅니다
엄마가	아이들을	키웁니다
사람들이	스키를	탑니다

❷ 목적어 조사 −을/−를

타동사의 목적어에는 목적어 조사를 붙인다. 목적어 조사는 목적어임을 나타내는 조사이다. 목적어 조사로는 "−을"과 "−를"을 쓴다

· −을: 목적어의 끝소리가 자음일 때 쓰인다.

예 그분은 떡을 먹습니다. 〈떡 + 을〉

그 여자가 한복을 입습니다.

밤에는 불을 켭니다.

아침에는 불을 끕니다.

· —를: 목적어의 끝소리가 모음일 때 쓰인다.

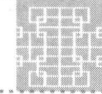 사람들이 전차를 탑니다.

그 아이가 머리를 빗습니다.

그분이 두루마기를 벗습니다.

아줌마가 접시를 닦습니다.

19.3 목적어 조사의 선택

 기본 유형 : —을 / —를

은주가 거리에서 무엇을 기다립니까?

은주는 거리에서 자동차를 기다립니다.

민우가 공원에서 무엇을 탑니까?

민우는 자전거를 탑니다.

외국 유학생이 한국 민요를 배웁니까?

예, 외국 학생이 한국 민요를 배웁니다.

영희가 백화점에서 물건을 삽니까?

아니요, 영희는 재래시장에서 물건을 삽니다.

아주머니가 김치를 담급니까?

예, 아주머니가 김치를 담급니다.

1 연습하기

> 다음 예문에서 바른 목적어 조사를 괄호 안에 넣으시오.

(1) 그 여자가 비빔밥(   ) 먹습니다.

(2) 소년이 양말(   ) 벗습니다.

(3) 소녀들이 노래(   ) 부릅니다.

(4) 저 신사가 모자(   ) 씁니다.

(5) 부인이 무엇(   ) 닦습니까?

(6) 그가 고향에 편지(   ) 씁니다.

(7) 그들은 매월 월급(   ) 받습니다.

(8) 그들은 날마다 바둑(   ) 둡니다.

(9) 아내는 자동차 운전(   ) 배웁니다.

(10) 그는 부산에서 배(   ) 타고 제주도에 갑니다.

2 발음

비빔밥 ⇒ [비빔빱]	닦습니다 ⇒ [닥씀니다]
벗습니다 ⇒ [버씀니다]	받습니다 ⇒ [바씀니다]

3 어법

❶ 목적어 조사의 생략

한국어의 일상 회화에서는 목적어 조사가 자주 생략된다.

> 예 학생이 책을 읽습니다. ⇔ 학생이 책 읽습니다.

그가 지금 노래를 부릅니다. ⇔ 그는 지금 노래 부릅니다.
아가씨가 저고리를 입습니다. ⇔ 아가씨가 저고리 입습니다.
아이가 지금 젖을 먹습니까? ⇔ 아이가 지금 젖 먹습니다.

한국어는 일상 대화에서 목적어 조사가 생략되어도 무방할 때가 많다. 그러나 글쓰기에서는 목적어 조사를 탈락시키면 바람직하지 못하다.

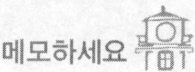

메모하세요

제20과
"하다"와 "되다"

20.1 | "ー하다" 동사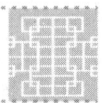

 기본 유형 : ー하다

경복궁

학생은 요즈음 한국 역사를 공부합니까?
    예, 저는 한국 역사를 공부합니다.

관광객들이 고궁을 구경합니까?
    예, 그들은 고궁을 구경합니다.

그들은 가끔 한국 가정을 방문합니까?
    예, 그들은 가끔 한국 가정을 방문합니다.

1 연습하기

> **보기**   여러분들이 한국 문화를 공부합니까?
>   예, 우리들은 한국 문화를 공부합니다.

(1) 민수가 차를 운전합니까?

   예, 민수가 차를 운전합니다.

(2) 그들이 박물관을 방문합니까?

   예, 그들이 박물관을 방문합니다.

(3) 사람들이 시내를 관광합니까?

   예, 사람들이 시내를 관광합니다.

(4) 그들이 한국 역사를 연구합니까?

   예, 그들이 한국 역사를 연구합니다.

(5) 그들이 고향 부모를 생각합니까?

   예, 그들은 고향 부모를 생각합니다.

2 발음

공부합니다	⇒ [공부함니다]	한국문화	⇒ [한궁문화]
박물관을	⇒ [방물과늘]	역사	⇒ [역싸]
생각합니다	⇒ [생가캄니다]		

3 어법

❶ "-하다" 동사의 용법

동사성 명사에 "하다"라는 형식 동사를 붙여서 동사처럼 쓰는 일이 많다. 이것을 "-하다" 동사라 부르기로 한다. 동사성 명사란 그 자체로서 동사적인 의미를 가진 명사를 말한다. "운동", "동작", "공부", "사랑" 등은 동사성 명사이다. 이들에는 "-하다"를 첨가하면 동사와 같이 쓰일 수 있다. 이와는 달리, 책상, 시계, 책 등은 동사성이 없으므로 "하다"를 첨가해서 동사처럼 쓸 수가 없다.

 예 저 여자가 지금 화장합니다.
그이가 이웃을 사랑합니까?
그이는 부모를 공경합니다.
그이가 어디에서 일합니까?
그들은 공장에서 작업합니다.

20.2 "명사 + -하다"와 목적어 조사

 기본 유형 : -을/-를 + 하다

그분들이 좋은 제품을 생산합니까?
　　예, 그들은 좋은 제품을 생산합니다.

그 사장이 이 공장을 운영합니까?
　　예, 그 사장이 이 공장을 운영합니다.

그분들이 지금 무슨 이야기합니까?
　　예, 그분들은 지금 사업 이야기를 합니다.

그들이 무슨 노래합니까?
　　예, 그들이 한국 노래를 합니다.

직원들이 지금 휴식합니까?
　　예, 직원들이 지금 휴식을 합니다.

1 연습하기

> **보기** 그 소년이 지금 청소를 합니까?
>
> 　　예, 그 소년이 지금 청소합니다.

(1) 그 사람이 야구 이야기를 합니까?

　　예, 그 사람이 야구 이야기합니다.

(2) 선수들이 지금 야구를 합니까?

　　예, 선수들이 지금 야구합니다.

(3) 그들이 5월 13일에 결혼을 합니까?

　　예, 그들이 5월 13일에 결혼합니다.

(4) 그분이 강의실에서 수업을 합니까?

　　예, 그분이 강의실에서 수업합니다.

(5) 그들이 휴일에 등산을 합니까?

　　예, 그들이 휴일에 등산합니다.

2 어법

❶ 명사 + 하다 = 명사 + -을/를 + 하다

"하다" 앞의 명사에 목적어 조사를 붙여서 말하거나, 그 목적어 조사를 생략하기도 한다. 이럴 때도 의미는 달라지지 않는다.

> 예　사람들이 **식사를 합니다**.　　(=식사합니다)
>
> 　　노인이 **옛날이야기를 합니다**.　　(=옛날이야기합니다)
>
> 　　요리사가 **요리를 합니다**.　　(=요리합니다)

❷ 동사성 명사

"-하다" 동사가 될 수 있는 명사들은 동사성이 있어야 한다. 동사성이 있는 명사들은 그 자체에 동사적 의미 기능이 있으므로, 형식 동사인 "-하다"를 첨가하면 동사처럼 쓰일 수 있다.

· 동사성이 있는 명사

> 예 운동, 일, 공부, 연구, 노래, 운전, 제조, 판매, 번역, 해석, 건축, 건설, 공사, 시험, 시공, 시설, 출판, 제작, 저술, 필기, 전쟁, 전투, 사랑, 진행, 경기, 시합, 수색, 검색

· 동사성이 없는 명사

> 예 책상, 감기, 의자, 걸상, 시계, 책, 신발, 양말, 옷, 가게, 시장, 백화점

이런 명사에는 "-하다"를 첨가할 수가 없다. 그 예를 일부 보인다.

> 예 **의자**하다, **책상**하다, **집하**다, **건물**하다, **자동차**하다, **시계**하다, **마당**하다, **거리**하다, **신발**하다, **옷**하다, **모자**하다, **손**하다, **발**하다

이런 명사들은 동사성 의미가 없으므로 "-하다"와 어울려서 동사처럼 쓰일 수 없다.

20.3 "－되다" 동사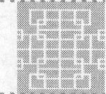

 기본 유형 : －이/가 + 되다

그 애가 올해 3학년이 됩니까?

　　예, 그 애는 올해 3학년이 됩니다.

치우는 내년에 대학생이 됩니까?

　　예, 치우는 내년에 대학생이 됩니다.

여자도 군인이 됩니까?

　　예, 여자도 군인이 됩니다.

요즈음 일이 잘 됩니까?

　　예, 요즈음 일이 잘 됩니다.

1 연습하기

> 보기　그이가 내년에 공무원이 됩니까?
> 　　　　예, 그이가 내년에 공무원이 됩니다.

(1) 그가 무슨 선수가 됩니까?

　　수영　　‥ 그는 수영 선수가 됩니다.

(2) 그분이 다음 달에 애기 아빠가 됩니까?

　　예, 그분이 다음 달에 애기 아빠가 됩니다.

(3) 그가 언제 외교관이 됩니까?

　　내년　　‥ 그는 내년에 외교관이 됩니다.

(4) 진우가 언제 이 회사의 사원이 됩니까?

　　졸업 후 ‥ 진우는 졸업 후에 이 회사의 사원이 됩니다.

(5) 누가 대통령이 됩니까?

　　당선된 사람 ‥ 대선에서 당선된 사람이 대통령이 됩니다.

2 발음

> 됩니다 ⇒ [됨니다]
> 집안일 ⇒ [지반닐]

3 어법

❶ "–되다"의 용법

　　주어　+　명사 + –이/–가　+　되다
　　그분이　　　서울특별시장이　　　됩니다.

"되다" 동사가 사용된 문장은 일반으로 주어 다음에 관련 명사가 놓이고, 거기에 "–이"나 "–가" 조사가 첨가된 다음에 서술어로 "되다"가 쓰인다.

　　예　그는 장관이 됩니다.　　　　　　　　("되다" 문장)
　　　　그분이 우리 반 선생이 됩니다.　　("되다" 문장)

❷ "되다"가 사용된 문장의 보어

"되다"가 사용된 문장에서 주어 다음에 쓰이는 명사는 보어라 한다. 아래 예문에서 밑줄 친 부분이 보어이다.

　　예　다음 달에 민수가 **군인이** 됩니다.
　　　　그분의 나이가 올해 <u>70세가</u> 됩니다.
　　　　이 회사는 **사업이** 잘 됩니다.
　　　　저 회사는 **사업이** 잘 안 됩니다.

❸ 보어 조사 "-이/-가"의 용법

보어에 첨가된 조사는 보어 조사라 부른다. "되다"가 사용된 문장은 반드시 보어가 쓰이고 거기에는 보어 조사 "-이/-가"를 첨가한다.

> 예 그이가 사업가**가** 됩니까?
>
> 예, 그이는 장래 사업가가 됩니다.
>
> 그이가 언제 장군**이** 됩니까?
>
> 그이는 3년 후에 장군이 됩니다.

찾아보기

저자 정달영

학력: 청주중·고등학교 졸업
　　　서울교육대학교 졸업
　　　서경대학교 국어국문학과 졸업(문학사)
　　　연세대학교 교육대학원 한국어교육전공 졸업(교육학석사)
　　　민족문화추진회 국역연수원 수료(일반연구원)
　　　한양대학교대학원 국어국문학과 국어학전공 졸업(문학박사)

약력: 한글문화세계화운동본부 사무총장 역임, 현 (사)한말글 이사장
　　　한민족문화학회 회장, (사)한국어정보학회 회장 역임
　　　서울교육대학교, 한양대학교, 서경대학교 강사 역임
　　　현 대진대학교 인문과학대학 국어국문학과 교수

저서: 국어단락 이론과 작문 교육
　　　생각과 표현(공저)
　　　新漢文科 敎育論(공저)
　　　세계 속담 대사전(공저)

어법 중심 한국어1 초급

초판인쇄　2014년 2월 20일
초판발행　2014년 2월 28일

저　　자　정달영
발 행 처　도서출판 박문사
등록번호　제2009-11호

책임편집　이신

우편주소　132-040 서울시 도봉구 창동 624-1 현대홈시티 102-1106
대표전화　(02) 992-3253
팩시밀리　(02) 991-1285
전자우편　bakmunsa@hanmail.net

ⓒ 정달영 2014 All rights reserved. Printed in KOREA

ISBN 978-89-98468-17-0 14710 (세트)
ISBN 978-89-98468-18-7 14710　　　　　　정가 12,000원